ルポ・罪と更生

西日本新聞社会部

法律文化社

はじめに

刑務所が「姥捨山《うばすてやま》」のようになっている。

チョコレート1個の万引、無銭飲食といった軽微な犯罪を繰り返して入所する高齢者。服役の意味を理解していない知的障害者。命じられるままに単純作業を続ける日々を過ごし、社会に帰っても行き先はなく、生活困窮の末、再び罪を犯してしまう。

罪を犯した人が適正に処罰されなければ刑罰の公平性を損ねるし、社会の秩序は保てない。自業自得との見方もあるだろう。しかし、彼ら累犯者は「凶悪なモンスター」とは限らない。

2006年1月、山口県下関市のJR下関駅舎が焼失した事件で、放火の罪に問われた当時74歳の被告は「腹がすき、寒く、刑務所に戻りたかった」と供述した。犯行は刑務所を出てわずか8日後。身寄りもなく、生活保護を受けようと役所の窓口を訪れたが、「住所がないとダメ」と言われて引き下がったという。

刑務所で働く福祉のプロの一人は、受刑者たちを「かわいらしいおじいちゃん」と呼んだ。福祉の網から漏れ、刑務所だけが彼らを拒まない場所になっている。

刑事司法関係者の間では、刑事事件の捜査・裁判には一人当たり2千万円、刑務所生活は一人当たり年間３００万円程度の税金がかかると語られている。福祉施設で受け入れるよりコストが高い可能性もある。私たちは、こうした現実とどう向き合えばいいのだろう。

本書は、西日本新聞社が２０１１年秋から約2年間にわたり紙面で展開したキャンペーン企画「罪と更生」の連載記事を中心にまとめたものである。

出発点は、長崎刑務所（長崎県諫早市《いさはや》）を取材したこと。高齢者や障害者が一つの「工場」に集められ、単調な作業を繰り返していた。元衆院議員の山本譲司氏の著書『累犯障害者』などで語られていた姿を、まざまざと見せつけられた。そして、地元の福祉関係者が従来の発想を乗り越え、こうした人々の更生に関わろうとしていた。

取材班は九州をはじめ、日本各地の刑務所や少年院を訪ねた。出所後の生活を見守るボランティアの保護司や保護観察官、福祉の専門家、裁判官、検察官、弁護士にも話を聞いた。根拠の薄い「体感治安」の悪化が叫ばれ、厳罰化が進む流れの中で、現場は再犯防止に向けた試行錯誤を続けていた。

更生の可能性がないと断じられる死刑制度をめぐる問題や、これまでメディアがほとんど取り上げてこなかった加害者家族にも光を当てようと試みた。更生と言われても割り切れない感情を抱える被害者遺族の苦悩にも触れた。率直に語ってくれた刑事司法関係者、つらい経験を打ち明けてくれた被害者遺族や加害者家族の方々には感謝の言葉が見つからない。

罪を犯した人の更生をどうするか、という課題は普通に暮らしている私たちとは縁遠い。内閣府の世論調査（2009年）では、出所した人の社会復帰を支援する活動について、回答者の5割が「協力する気持ちはない」と答えた。できることなら関わりたくないという正直な気持ちだろう。犯罪被害者の心情に寄り添おうとすると、複雑な思いもある。

一方で裁判員制度導入後、一定期間は生活態度などの指導を受けることを義務付ける保護観察付きの執行猶予判決が増えている。自分たちが裁いた被告の「服役後」に関心が向きつつあるのも事実だ。そもそも、加害者を重視すべきか、それとも被害者か、といった二者択一を迫るような議論は意味がないと考えている。

福岡地裁で裁判員を経験した女性は、法廷で見た被告の印象を「『いかにも犯人』ではない、その辺にいる普通の方」と表現した。実際、犯罪は私たちの身の回りで起きている。ある日突然、家族が罪を犯して逮捕され途方に暮れる可能性も決してゼロではない。

罪を犯した人はいずれ地域に戻ってくる。「一人で反省はできる。しかし、更生は一人ではできない」（犯罪学者）。ただ嫌悪し、社会から排除するだけでは、刑務所と娑婆を行きつ戻りつする「負の連鎖」は断ち切れないだろう。

本書は学術的な専門書ではない。刑事司法の流れに沿って、さまざまな現場の取り組みを伝えることに重点を置いた。各章には基礎知識を説明する「ポンきちのQ＆A」や、本文を補足するキーワード集、西日本新聞に掲載した関連記事も添えた。一部のデータは更新し加筆修正したが、肩書や年齢は掲載当時のままとしている。その後、状況や制度が少し変わったものもあるが、課題は現在に通底しており、試行錯誤は今も続く。

刑罰の意味とは何か。刑事司法は、福祉は、社会はどう変わるべきなのか。本書が「罪と更生」について考えるきっかけになれば望外の喜びである。

2014年6月

西日本新聞「罪と更生」取材班キャップ

相本　康一

目次

第1章　裁くということ――手探りの裁判員裁判

第2章

刑のかたち——再犯防止へ続く試み

おわりに

序　章

累犯を断つ

負の連鎖にはまる人たち

はじめまして、ポンきちです。
西日本新聞のキャラクターの仕事をしています。
ニュースの背景や分かりにくい専門用語について、
読者に代わって記者を質問攻めにしちゃいます。
よろしくね。

79歳、17回目の服役へ——刑務所で人生終えますか

淡々と読み上げられる21回目の有罪判決を、白髪頭をうなだれるようにして聞いた。被告人を懲役2年に処する——。

2011年12月5日、福岡地裁の3号法廷。常習累犯窃盗の罪に問われた浅井実（79）＝仮名＝は、裁判官の高原正良（63）に「分かりましたか」と問われ、初めて顔を上げた。「年を考えて、本当に最後にしなきゃいけませんよ」。こう諭されても「はぁ」と答えるだけだった。

佐賀県に生まれた。小学校を出て、家業の自転車店の手伝いや建設現場で働いた。生活に困ると物や金を盗んだ。20歳すぎから刑務所と社会を行き来している。両親は他界、兄とも数十年、音信不通。調書で「天涯孤独の身です」と述べ、路上生活の根城にしていた福岡市の公園を「実家のようなもの」と言った。年が明ければ80歳になる。

11月14日の初公判。孫ほど年の離れた検察官の女性に「刑務所で人生を終えてしまう可能性もありますよ」とただされた。間を置いてやっと出たのも「はぁ」。

1年前。取材で訪れた佐世保刑務所に浅井は服役していた。

「人間、飯を食うためには働かないかん。（泥棒は）仕事と同じ。食べるためですけん」。高齢者や障害者が集まる「13工場」で記者にこう話した。出所を半年後に控えても「（その後のことは）特に考えていません」。視線は合わせず、しわが刻まれた手を何度もこすった。

刑務作業で得た6万円弱を手に6月に出所。3カ月後には空腹に耐えきれず、福岡市の寺で現金3千円を盗もうとして現行犯逮捕された。

福岡拘置所のアクリル板越しに浅井に再会したのは、判決を数日後に控えた日。またも罪を重ねたことに「それはそれはすいません」と笑みを浮かべ、娑婆《しゃば》で楽しかったのは「酒が飲めて、たばこが吸えたこと」と言った。

判決後にあらためて面会し、17回目の服役に臨む心境を聞くと「（懲役2年は）長い感じがしたですねぇ」と疲れた顔を見せた。1年前と同じ質問をした。出所後の生活は――。抑揚のない言葉だった。「はぁ、ゆっくり考えます」

9月中旬、福岡東署の接見室。初めて会った浅井の言葉を弁護士（33）はよく覚えている。

「先生、たばこください」

「（逮捕されて）あちゃーと思う半面、ほっとしました」と話す浅井。また刑務所に行くことが本人のためだろうか。弁護士は思った。

ただ、浅井は過去10年で3回以上懲役刑を受けており、法の規定では3年以上の懲役となる。実刑は避けられない。せめて短くできないか。生活保護申請の手続き書と便箋、封筒を差し入れ、反省文を書くよう促した。

届いたのは「生活保護までの流れ」と書かれ、差し入れた資料を書き写した便箋。反省の文字はどこにもなかった。

「あぁまたか、と思います」。裁判官の一人も言う。万引や無銭飲食など高齢者の犯罪が増え、軽微な罪を繰り返す累犯が後を絶たない。「執行猶予を付けてあげたいけど法律でできない。選択肢は限られます」。同じ裁判所で、同じ高齢者に2度、3度と懲役刑を言い渡すこともある。

「裁判官も、むなしいんですよ」

見逃されてきた障害

支離滅裂な文だった。

「私はありがとうです／私を仕事がしたいです／私に東京駅横兵駅を保護行きます／私は窃盗をアパート悪いすみません／私は元気ですか」

福岡高裁で2011年12月14日、懲役10月、保護観察付き執行猶予5年の判決を受けた村木道夫（64）＝仮名＝。傘を使って鍵を開ける手慣れた手口でアパートに侵入、金を盗んだ。福岡県弁護士会の当番弁護士の依頼が山西信裕（36）に届いたのは2月下旬だった。依頼書には「容疑者は耳が聞こえない」とだけあった。

福岡県警早良《さわら》署に赴くと、村木は笑っていた。「横浜で遊びました」「青森に行って楽しかったです」。筆談の紙に、脈絡のないことを書いた。

手話通訳士を伴い接見を重ねた。村木は通訳の手話を繰り返すばかり。数十分かけて一つ、二つと認否を確かめた。「手話だとこんなに通じないのか」と山西は思った。

村木は盗みの罪でこれまで19回服役した。聴覚障害があり年金は受けていたが、他の障害はないものとされていた。

裁判を前にした謝罪文として、冒頭の手紙が送られてきたのは3月上旬。「手話だから意味が通じないのではない。障害があるんじゃないか」。山西ははっとした。

「手話や筆談でも十分なコミュニケーションがとれない。黙秘権などの意味を理解しているとは思えない」。山西は福岡地検の担当副検事に謝罪文を添えて意見書を書いた。刑事責任能力を慎重に判断するよう求めた。

副検事はそっけなかった。「そんなに変ですかねぇ。筆談と手話で何とかなってますよ」

3月下旬、地検の簡易鑑定で、村木の軽度の知的障害が判明した。過去の捜査でも裁判でも見逃されてきた障害。たった40分の検査で分かった。

療育手帳も持たず、家族の支えもない。「刑務所ではなく、福祉の支援で更生させたい」。山西は不起訴処分を求めたが起訴となり、一審の裁判を迎えた。検察側が法廷に提出したのは理路整然とした供述調書だった。「料理、洗濯を自分でしていました……自分で買い物に行っていました……これから裁判があります」

謝罪文との落差に、山西はがくぜんとした。判決は懲役10月の実刑だった。

福岡市東部のマンションであった打ち合わせは熱気に満ちていた。一審判決から1週間たった7月上旬。

「犯行は巧妙だが、知的障害の人は体験で覚える。福祉も司法も救いの手を差し伸べなかった。これは社会の問題です」。協力を申し出た社会福祉法人南高愛隣会《なんこうあいりん》（長崎県）の専務理事酒井龍彦（53）が、村木の置かれた深刻な状況とあるべき今後を語った。

村木はその後の検査でより重い知的障害と分かり、保釈後は愛隣会の関連施設で暮らし手話も上達した。一、二審で通訳をした女性は「二審では顔色が良くなり、手話もスムーズだった」と驚く。執行猶予を付けた福岡高裁の裁判長陶山博生（63）も、村木の変化を感じ取った。

11月1日、福岡県弁護士会館であった勉強会で山西は声を上ずらせた。「（障害を）知らなければ、救えるはずの人を放置してしまう」

日々逮捕される人の中に、第二、第三の村木が潜んでいると思う。

これが償いだろうか

「1、2、3、4（よん）、4（し）、5、6、7（なな）、7（しち）……」

午前8時半。白髪丸刈りの男たちの点呼の声が響いた。たどたどしい足取りで数十歩先の工場へと向かっていく。

長崎刑務所が、房の近くにあった倉庫を高齢者や障害者のための「14工場」に改修したのは2年前。房から工場に至る廊下の壁には手すりを付けた。刑務所にいる828人のうち、20人ほどがここに配属されている。

「14工場」の1日は、始まりが遅く終わりは早い。他の受刑者より1時間短い1日7時間の労役。その内容も大きく異なる。

この日は、ナイロン製の泡立てネットをこしらえていた。茶筒のような形に切断されているネットの片方の端を折り込んで接着し、ネット自体を裏返すという単純な仕事。でもうまくできない受刑者は何人もいる。

50代の男は、裏返して並べる工程だけを担っているが、1枚に30秒はかかる。その隣で60代の男は絶えず体を前後に揺すっている。認知症と統合失調症の疑いがある。

仕上がっていくネットは形がふぞろいで、製品とはみなされない。世話係を務める模範的な受刑者が、裏返されたネットを元の状態に戻して作業机に置いた。男たちは再び、時間をかけて同じ作業をする。実りのない労働の繰り返し。これが彼らの懲役である。

「ほかに、やらせることがないんですよ」。刑務官がため息をついた。

食事は具材を細かく刻み、おかゆも用意する。テレビの音量も大きい。便所を流さず、水道を止められず、パンツをはき忘れる受刑者もいる。食べて1時間もすると「おなかがすいた」の声が上がる。

お昼のあとは運動の時間。「大将、これ、何でしょう」。捕まえたバッタを両手に包んだ初老の男が担当刑務官の加山雄一（56）＝仮名＝に見せにきた。「私は誰でしょう」と加山が返す。男は首をかしげて「分かりません。大将は誰でしょうかね」

加山は一般の工場を担当していたとき「もっとテキパキしろ」「ピシッとせい」と受刑者に厳しく命じる日々だった。今は「ゆっくりでいい」「慌てるな」が口癖になった。「規律より、けがをさせないことが大事ですから」

刑務所長の久保弘之（56）も言う。「規律一辺倒だった刑務所に『支援する』という視点が必要になってきました」

九州最大規模の福岡刑務所の調査官も変化を肌で感じている。ここの「17工場」「18工場」も高齢者と障害者。「カァーッ」「ペッ」。たんを吐く音が静寂を破る。多くは累犯だ。55人の定員は満ち、他の工場で軽作業に従事しつつ空きを待つ人もいる。

佐世保刑務所の「13工場」で高齢者や障害者を受け持つ刑務官は「彼らはここを出ても、また戻ってくるかもしれない」と思うことがよくある。罪を償う以前に、今日を生きることに周囲の支えが欠かせない。頼る人がいなければ、どうやって生きていけばいいのだろう。

「刑務所の門を出たら右と左、どっちに行けばいいですか」。出所を控えてこう尋ねてきた受刑者は一人ではない。そして門から送り出せば、犯罪者を矯正するという刑務所としての務めは終わる。

福祉の助けに橋渡し

病院に勤めていた社会福祉士の麻田舞子(32)＝仮名＝が、男ばかり1600人が服役する福岡刑務所の非常勤職員になったのは2011年6月のこと。受刑者が社会復帰するにあたって、福祉の支援が必要かどうかを専門職の立場で見極め、橋渡しをする仕事だ。

「刑務所だと、障害は意外と分かりにくいんですよね。すべて刑務官の指示に従って行動していますから」。職場が変わって驚いたことを尋ねると、こんな答えが返ってきた。

面接室で麻田は、机を挟んだ1メートルの距離で受刑者と向き合う。「出所後、どうしたいか教えてください」。敬語で切り出しても、高齢者や知的障害者はきょとんとしている。「これから話を聞くよ。分かる？　いい？」。同席した刑務官が幼子に接するように語り掛けると、ようやく伝わった。

70代の白髪の男は、100円のあめ玉を盗んで懲役刑を受けている。ここが刑務所だとは分かっても、なぜ服役しているのかを理解できていない。「こういう人を刑務所に入れておく意味があるんだろうか。福祉の仕事ではないのか」と麻田は思った。

同じ房から出所した人に誘われて、養子縁組した受刑者もいるという。「何らかの意図があると思うんです……」。年金を奪われ、出所後も路上で生活する人がいる。「だから福祉で対応するのがいいのではないかと思います」。麻田は繰り返した。

刑務所に社会福祉士が配置されるようになって4年。司法と福祉の融合は、自立困難な刑務所出所者などを一時的に受け入れる更生保護施設でも進みつつある。

長崎県雲仙市の山腹にある「雲仙・虹」。社会福祉法人が09年につくった。施設長の前田康弘（55）は「われわれは司法のアンカー（最終走者）ではなく、福祉の入り口だと思っている。処遇ではない。支援です」と力を込める。多くの更生保護施設が健康で就労可能な人を主な対象とするのと異なり、高齢者や障害者を受け入れる。

職員は福祉分野の経験者が中心で、法人には看護師もいる。作業施設や自立訓練施設と連携したプログラムがある。

「いよいよ旅立ちですね」。11年11月下旬、血圧を測ってもらった広島豊（70）＝仮名＝は笑顔を見せた。高血圧と糖尿病。虹ではカロリーを考えた食事を供されていた。

仕事に就けず、酒の窃盗を重ねた。4度の服役後、虹に入所。そうめん工場で働き、週1回はデイサービスで運動した。

最初は窮屈に感じた生活だったが、当番で食事を作り合うことで、人のために何かすることを覚えた。8カ月を過ごした虹を出所するにあたって「きちんとした生活が気持ちいい」と語った。

刑務所を出たあとに助けを求められる福祉のしくみを受刑者に伝えるため、長崎刑務所が7月につくった関係機関との協議会には、保護観察所と地域生活定着支援センター、それに虹が加わる。

先日あった協議会のあとの懇親会。

「出所を待たず、受刑者を虹に外泊させて福祉を体験させるのもいいんじゃないか」との声が飛び出した。「ぜひ、やりましょう」と前田。新たな支援のアイデアは尽きない。

取調室に変化の兆し

検察官の取り調べを録画した映像に、福祉の専門家が口を挟んだ。「質問を畳み掛けてはいけません」「相手が答え始めるのを気長に待ちましょう」

２０１１年10月14日、東京・霞が関の東京高検会議室。実際の取り調べの様子をたたき台に議論が続いた。

容疑者の男には知的障害がある。おびえた表情でうつむいたままだ。

「黙秘権の意味を、どのくらいの障害者が分かると思います？　ほとんど分かっていませんよ」。専門家の指摘に、検察官は不可解な顔をした。あなたには黙秘する権利があります、と説明すると容疑者は決まって「はい」と言うのに、と――。

検察改革の一環で最高検が７月に設けた知的障害者専門委員会の一こまだ。最高検や法務省の幹部ら15人ほどと、障害者に詳しい専門家５人が集う。障害に応じた捜査や公判を模索している。

４月、当時の法相江田五月（70）が記者会見で強調した。「知的障害など供述が誘導されやすい人は、全過程の可視化を含むやり方を考えなさいよと言っているわけです」。大阪地検特捜部の不祥事を受けて発表した「検察再生の取り組み」。知的障害者については3カ月以内に可視化を試行せよと迫った。

虚偽の自白による冤罪《えんざい》、障害に気付かない、前科の多さで機械的に起訴する……。課題は以前から指摘されていた。だが個人の意識に任せ、組織として問題をとらえたことはなかった——。検察幹部は甘さを認める。

こうして始まった可視化の試行は4月から一部の地検で、7月からは全国に広がった。冒頭の映像を含め9月末までに84事件、228回の取り調べが録画・録音された。対面ではなく座る位置を変える、福祉のプロを立ち会わせて調べる……。試みは来年夏まで続く。

変化は出始めた。専門家の助言を受け、じっと静かに待っていると容疑者が口を開いたという。可視化の試行と委員会の議論。「取り調べの技術向上に役立っている」と幹部は言う。

償うという意味が分からず刑に服し、また罪を重ねる障害者たち。「判決をもらって刑務所に送れば終わりという認識だった」（検察幹部）との反省から、委員会は再犯防止や社会復帰のあり方も検討する。

11月中旬、最高検の幹部らが長崎県を訪れた。罪を犯した人を積極的に受け入れる施設を5時間かけて視察した。「百聞は一見にしかず。よく理解できた」。委員会の座長を務める最高検公判部長の岩橋義明（57）は語る。

「ケース・バイ・ケースだが、障害がある人を何が何でも刑務所に入れたいわけではない」とは別の幹部。「地域にどういう福祉の資源があるかを知ることがまず大事」と言う。

窃盗罪に問われた知的障害のある村木道夫（64）＝仮名＝が12月、福岡高裁で執行猶予付きの判決を受けた。公判を前にした弁護士との打ち合わせで福岡高検の検事は、地域生活定着支援センターの存在すら知らずに言い放った。「累犯に、執行猶予なんか付きませんよ」

トップダウンの改革は船出したばかり。現場への浸透は――。「時間はかかる。でもやらなくてはいけない」。幹部は自らに言い聞かせた。

「安住の地」を探して

つえをつき、右足を引きずって福岡刑務所の門を出た宮本良明（43）＝仮名＝に、伊豆丸剛史（35）は声を掛けた。

「檻《おり》の中の生活はもうやめましょう。力貸しますよ」。4度目の服役にして、この日初めて「出迎え」を受けた宮本は表情を緩ませた。2009年の秋のことである。

伊豆丸は長崎県地域生活定着支援センターの職員。福祉サービスが必要な受刑者を見つけ、出所後の行き先を探すのが仕事だ。宮本とも何回も面会を重ねていた。

宮本は23歳のとき、交通事故で右の手足に障害を負った。料理人の職を失う。妻は去った。金が尽きれば無銭飲食して服役――。そんな半生を聞いた伊豆丸は、長崎県内の社会福祉法人が運営する更生保護施設に入所させた。

伊豆丸の仕事はそれで終わらない。

宮本は他の入所者と折り合いが悪く、何度もいざこざを起こした。「困ってます。来てください」。施設職員からの電話で駆けつけた伊豆丸は宮本に問うた。「刑務所に戻りたいんですか」

宮本はある日、自ら姿を消す。ホテルに40日連泊し、パチンコやスナックに通い、服役中にためた障害年金100万円を使い果たした。所持金400円になって交番に行き「無銭飲食するけん、捕まえてくれ」と騒いだ。

「もう1回人生やり直しましょうよ」。伊豆丸はその度に繰り返した。

定着センターが全国に設置され始めて2年が過ぎた。刑務所から社会に放り出されていた累犯者にとって、支援はこの上ない安心材料だ。ただ、出所した当初こそ更生意欲が強くても、宮本のように暮らしが安定しない人もいる。

「その人は、うちの自治体の住民とは認めません」。受話器の向こうで響く自治体担当者の声。福岡県地域生活定着支援センター所長の仰木節夫(69)は「またか」と思う。

生活保護や障害年金の手続きは居住地の市町村が受け持つが、服役を繰り返す累犯者には住民票がないことが多い。福祉サービスを提供するとなると市町村は年間200万円程度を負担しなければならない。財政難の自治体は押し付け合う。「刑務所がある自治体が責任を持つべきだ」「いや、受け入れ施設のある自治体だ」――。

仰木の悩みはそれだけではない。福岡の定着センターは職員4人で100人ほどを担当する。九州最大規模の福岡刑務所の出所者を考えると、来年はもう100人が対象に加わりそうだ。「限界寸前です」。仰木は頭を抱える。

施設で延べ1年過ごした宮本はいま、伊豆丸の用意したアパートに独りで暮らす。この間、交通事故による脳の損傷によって欲求や感情のコントロールが難しい高次脳機能障害と診断された。伊豆丸は福祉機関を巻き込み、金銭管理、生活の介助など支援を続ける。「伊豆丸さんがいなければ、今ごろまた刑務所の中です」。宮本はそう言う。

11年12月上旬のある夜。居酒屋で支援者たちが宮本を囲み、談笑した。支援がうまくいくとは限らない。ある者は再犯に走る。でも伊豆丸は失望しない。「再犯までの期間が延びるだけでもいいんです」

地域の理解があれば

天気のいい日は図書館に行く。自分の部屋ではテレビを見たりCDを聴いたり。衣笠正憲（69）＝仮名＝は、食事や健康管理のサービスがある長崎県南部の高齢者用の賃貸住宅に住む。「すっかり普通の暮らしです。もう罪を繰り返さないと思います」。刑務所を出て3度目の正月を迎えようとしている。

無銭飲食などを重ね、11回目の服役中に心筋梗塞で倒れた。更生保護施設に入った後は高血圧やC型肝炎が見つかり、入退院を繰り返した。毎日12種類の薬を飲む。ベッドに腰掛けてボールペンを走らせる。「ごえんがなかったら……のたれじにしていたかもしれません。心からかんしゃをしています」。年下の更生保護施設長を「おやじさん」と呼び、幸せな日々を伝える手紙は50通を数える。

感情が噴き出すこともある。ルールを破って自室で料理を作ると言い張り、静かに暮らす隣人がうるさいと言っては壁を激しくたたく。周囲に暴言を吐いたこともある。

「福祉の使命と思って引き受けましたが、ギリギリで支えています」。住宅を経営する男性（52）は苦笑する。「ここで生きる喜びを持ってもらえればいいんですが」

罪を犯した人を受け入れることに抵抗感を示す福祉施設は少なくない。ましてや被告席に座るとは――。

大阪府八尾市の社会福祉法人ゆうとおん理事長の畑健次郎（64）は5年前を思い起こす。

2007年1月。3歳の男の子が歩道橋から投げ落とされて大けがをした。逮捕された中村節男（46）＝仮名＝は知的障害があり、ゆうとおんの授産施設に通っていた。被害者側は服役した中村に加え、畑の監督責任を問い損害賠償を求めて提訴した。

中村には子どもを連れ回して服役した過去があった。「リスクのある人をほったらかせば再犯の危険は高くなる」。畑の思いは変わらない。ただ見守るにも限度がある。行動を逐一監視することが福祉の仕事だろうか。

和田健（33）＝仮名＝が車内からポーチを盗んだと聞いたとき、川崎雅之（42）＝仮名＝は「もったいない」と思った。せっかく頑張ってきたのに、と――。

川崎は福岡県筑後地方で農業を営む。地元の福祉関係者の支援を前提に和田をアルバイトで雇っていた。軽度の知的障害があり、少年時代から盗みを繰り返した和田だが、きちんとあいさつし、作業も真面目にこなした。4カ月目に入り、そろそろ難しい仕事も任せようと川崎がそう考えた11年3月のことだった。

裏切られた。でも、あきらめきれない。「かわいいんです。ひかれるところがある。できれば更生する姿を見たい」

累犯を断つために、司法と福祉をつなぐ試みは始まったばかり。これに地域の理解とさりげない見守りが加われば、今度こそ、和田も何とか立ち直れるのではないか。

11年10月末、福岡刑務所で川崎は和田に面会した。「またうちで働くか」。和田はうなずいた。春が来ると地域に戻ってくる。


（敬称略／新聞掲載＝２０１１年12月14～20日）

インタビュー

申し訳ないの一心で

南高愛隣会理事長　田島良昭さん

裁きの場で、被告席に座っておれずに立ち回る男性がいる。刑務所での労役を自分の職業だと信じてやまない別の男性は「仕事をしに刑務所に行きたい」と裁判官に言った。犯罪に手を染める知的障害者。罪を繰り返す「累犯障害者」に光が当たり始めた。刑務所ではなく地域を居場所に――。福祉の現場から声を上げる。

「本当は気付いていたんです、罪を犯す人のこと。警察から連絡を受けて、以前から私の知的障害者施設で引き受けていましたから。でもその存在は隠してきました。施設をつくるときに反対されて『障害者は天使です。悪い人はいない』と理解を求めたんですね。どこかでだまし合いをしていたんです」

宮城県福祉事業団理事長だった2002年、入所型の県立知的障害者施設の廃止を宣言した。

「下手すると障害者を一生施設に閉じ込める政策を国は続けていた。本人の意思は関係なく。やめさせるために打ち出したんです。そうしたら、施設にいる『社会に迷惑をかける犯罪者』をどうするのかと批判を浴びました」

旧知の法務省や厚生労働省の官僚らと勉強を始めた。法務省の統計で、全国の受刑者のうち知的障害の目安となる知能指数69以下が20数%を占めることが分かった。

「なんじゃこれは！って鳥肌が立ちました。施設だけでなく、刑務所にも障害者が大勢いることが衝撃でした。厚労省の役人も『事実だったらどうしよう』とうろたえた。一方で、法務省側は深刻さに気付いてすらいませんでした」

省庁の縦割りのなかで見逃されてきた累犯障害者の存在。実態を把握して支援策を考えようと06年から6年間、厚労省の研究事業に主任研究員として没頭する。

「やっぱり『申し訳ない』と。福祉が行き届かないために刑務所を出たり入ったりする不幸が続いた。福祉も刑務所も税金で運営されるのに、国民が知らなくては進化しない。もう隠してはいけないと思いました」

刑務所から出所する障害者らの社会復帰を促すため地域生活定着支援センターの設置を提言。09年の長崎県を皮切りに、厚労省補助事業として12年3月までに47都道府県に開設された。帰る場所がない人を受け入れる施設を探すが、出所者のうち福祉につなげられるのは半数ほどだ。

「センターが地域の福祉施設を知らなかったり、うまく連携できていなかったり。職員の技量不足ですね。都市部は人手が足りずに苦戦し、地域格差も出ています。実績がないところには全国の協議会が勧告します。自浄作用で質を向上させないといけません」

「出所者の受け皿として協力する福祉施設の数も十分ではない。生きる力の弱い人を支えるのが福祉。役割を問い直して担ってほしい」

障害者が罪に問われたとき、捜査や裁判で障害に配慮した対応を求め、福祉施設が訓練を施して更生を目指す取り組みにも力を入れる。

「司法の人は再犯防止を求めます。私たちは、どうすれば障害者が社会で豊かな人生を送れるかを追い求める。幸せなら罪は犯さないでしょ」

検証委員会などを設け、福祉施設が適切な手当てをしているかチェックする仕組みも模索する。

「累犯障害者を『いい顧客』とみて、施設にがんじがらめにしようとする動きもあります。障害者につらい思いをさせた過去がある。われわれが第二の刑務所になってはいけないのです」

たじま・よしあき　1945年生まれ。77年、長崎県雲仙市に社会福祉法人南高愛隣会を設立、知的障害者が地域で暮らすことを理念に掲げる。1996〜2005年、宮城県福祉事業団副理事長・理事長。10年には最高検の知的障害者専門委員会の参与に就任、11年に全国地域生活定着支援センター協議会代表理事、検察改革にも尽力する。長崎県島原市在住。

（2012年6月22日掲載）

インタビュー

周囲の配慮があれば

福岡市就労自立支援センター長　安達一徳さん

博多駅近くに定員50人の施設を構え、路上生活をする人たちに半年間、住まいや食事を提供して就労を支援している。入所者には、万引など比較的軽微な罪を犯してきた人も目立つ。

「そういった人たちの中に、発達障害の傾向がある若者が少なくないことが気掛かりです。たいてい1度は正社員を経験していますが、うまくいかずに辞めたり追い出されたりして、身内がいなければ路上生活に陥る。そこで、腹がすいてコンビニでおにぎりを万引したりしてしまうんです」

「障害があることに気付いてもらえないまま大人になった人がほとんどです。彼らに対しては障害を考慮した専門的な職業訓練が必要になる。当初は想定していませんでしたが、入所時に障害の有無を確認し、障害者施設などにもつなげられるような態勢づくりをせざるを得ませんでした」

正業に就く機会を見いだせず、何度も刑務所に入る「累犯障害者」の存在も注目されるようになった。世の中の理解が進んでいないために、発達障害のある人たちがはみ出しやすい現実があると感じている。

「発達障害の人は、コミュニケーションや物事の管理が苦手なことが多い。任された仕事をきちんとこなせるようになると、何年かして昇進する。すると、部下や職場の管理が求められ、そこでつまずいてしまうんです。人のアドバイスを聞くことが苦手で、相談しても『何でこんなこともできないんだ』と突っぱねられる。どうしていいか分からずに会社から逃げ出してしまう」

悪意のある人にだまされて、悲惨な目に遭う人たちも見てきた。

「路上で生活していると『一緒に働こう』と誘われるらしいんです。ついていくと、給料をほとんどもらえずに住み込みで働かされ、仕事ができなければ殴る蹴るの暴行を受ける。生活保護の申請をさせられて、受給したお金を取り上げられることもある。けれども本人は、障害の影響もあって、働かせてもらってありがたいと我慢してしまう。窃盗集団の見張り役として、犯罪の片棒を担がされた人もいます」

行政が相談窓口を設置するなど、発達障害のある人が住みやすい環境整備は少しずつ進められてはいるが……。

「障害の特徴を理解するためのセミナーを開いても、残念ながら企業からの参加はほとんどありません。発達障害は怖い、という事実無根の偏見も根強い。発達障害があるから罪を犯すというのは完全な間違いなのに。社会の無理解が孤立に追い込んでいるだけなんです」

「刑務所を出所した障害者を受け入れる施設が整備されるなど更生に向けた支援は拡充されてい

ますが、それ以前に、彼らが犯罪者にも被害者にもならずに、生きがいを感じて働ける世の中になってほしい。発達障害のある人も、周囲の配慮さえあれば、必ず職場の戦力になるはずですから」

あだち・かずのり 1967年生まれ、福岡県直方市出身。東京での会社勤務を経て、2006年4月からNPO法人福岡すまいの会の職員としてホームレスの自立支援を始める。同会は09年に福岡市から就労自立支援センターの運営を委託され、10年度からセンター長。毎年約100人のホームレスの人たちを受け入れている。福岡県福岡市在住。

（2013年9月29日掲載）

キーワード

増える再犯者●２０１２年に検挙された再犯者は全国で13万77人。検挙された人全体に占める比率（再犯者率）は45・３％で過去最多となった。刑務所に入った人のうち再び入所した人の比率（再入者率）も58・５％と増え続けている（犯罪白書より）。政府は12年7月、刑務所の出所者が翌年末までに罪を犯して再入所する割合を10年間で2割以上減らし、現状の約20％から16％以下にすることを目標とする再犯防止の総合対策を決定した。再犯防止で数値目標を定めたのは初めてという。

受刑者の知能指数●２０１２年に刑務所に新たに入所した受刑者2万４７８０人のうち知的障害者は２７１人（1％）。受刑者の知能指数（ＩＱ）をみると、知的障害の可能性があるとされるＩＱ69以下が５２１４人（21％）。テスト不能とされた８３９人（3.3％）を含めると６０５３人（24・4％）となる。ＩＱ69以下の受刑者で多い罪は、窃盗（２４７２人）、覚せい剤取締法違反（７３６人）、詐欺（４０４人）――など（法務省矯正統計より）。

受刑者の高齢化●２０１２年に収監された新受刑者2万４７８０人のうち60歳以上は４１２７人。全体の16％を占めた。03年の２９２９人に比べると4割増。受刑者総数は06年をピークに減少しているが、高齢の受刑者は増え続けている。罪名別にみると、窃盗が最も多く49・6％。覚せい剤取締法違反（12％）、詐欺（8.4％）と続く。受刑者のうち2回目以上の服役者は7割に上り、刑務所を出ても再び罪を犯して戻る高齢者が後を絶たない（法務省矯正統計より）。

地域生活定着支援センター●刑務所や少年院などの矯正施設から出所する高齢者や障害者の社会復帰を促し、再犯を防ぐ役割を担う。自立生活が難しく、帰る場所がなく、支援を希望する人が対象。出所前から職員が面談して支援策を練り、療育手帳取得などの手続きや受け入れ施設を探す。施設への助言や対象者の面談などフォローアップも担う。２００９年1月に長崎県で試験的に始まり、同7月から厚生労働省の補助事業として導入。11年度末までに全都道府県に設置された。

高齢・障害受刑者の支援●法務省の２００6年の調査によると、全国15の刑務所に収容されていた知的障害者や知的障害が疑われる４１０人のうち、療育手帳を所持していたのは26人。この結果などを受けて国は07年度から大規模な8刑務所に、09年度からは全国の刑務所に社会福祉士を配置した。保護観察所に担当の保護観察官を置き、都道府県の地域生活定着支援センターと連携して、自立が難しい高齢者や障害者を出所後すぐに福祉サービスにつなぐよう図る。全国57の更生保護施設にも福祉スタッフを配置した。

検察改革●大阪地検特捜部の証拠改ざん隠蔽事件などの不祥事を受け、法相の私的諮問機関・検察の在り方検討会議が2011年3月、取り調べの可視化の範囲拡大を柱とした提言をまとめた。同年4月、当時の法相が検察の再生に向けた取り組みを発表。取調官に迎合しやすい傾向に配慮した捜査も焦点になり、法相の指示を受けた最高検は専門家を交えた知的障害者専門委員会を設置した。東京、大阪、長崎地検などでは福祉の専門家を取り調べに同席させるなどして捜査の見直しを進めている。

社会内処遇●罪を犯した人を刑務所などの矯正施設に収容するのではなく、地域社会で適切な監督や支援、サービスを受けながら罪を償い、更生を図ってもらう考え。国内では、一定の遵守事項を示して指導・監督、支援する保護観察制度が代表的。服役よりも国の経費が少なくてすみ、再犯防止に不可欠な就労支援など多様なサポートができる利点がある。英国やノルウェーは、拘禁刑に代えて社会での活動を命じる「社会奉仕命令」「社会内刑罰」などを導入している。

関連記事

累犯障害者支援基金設立シンポから

可視化こそ冤罪防ぐ鍵
——検証の仕組みを担保　厚労省元局長　村木厚子さん
——範囲さらに拡大して　ジャーナリスト　江川紹子さん
——検察実態隠してきた　映画監督　周防正行さん

厚生労働省の文書偽造事件で無罪が確定した厚労省元局長村木厚子さんが提案し、罪を繰り返す知的障害者らの支援に生かす「共生社会を創《つく》る愛の基金」＝事務局・社会福祉法人南高愛隣会《なんこうあいりんかい》（長崎県雲仙市）＝の設立シンポジウムが2012年7月8日、東京であった。取り調べのあり方や社会復帰支援、海外の取り組みなど、最前線で活動する演者の発表に800人が耳を傾けた。ようやく光が当たり始めた累犯障害者・高齢者。今後の課題は、目指すべき社会とは……。シンポの議論から考える。

「取り調べで言ったことを、検事にそのまま調書に書いてもらうことはすごく難しい。まして障害があれば」――。「取り調べの現場に期待するもの」と題した座談会で村木厚子さんは、自らの体験から罪に問われた障害者に思いをはせた。累犯障害者を生まないためにも、丁寧な取り調べが求められる。村木さんとジャーナリストの江川紹子さん、痴漢冤罪《えんざい》事件の作品を手掛けた映画監督周防《すお》正行さんが意見を交わした。

文書偽造事件では厚労省の関係者10人が取り調べを受け、うち5人が村木さんの関与を認める調書に署名した。

「障害がなくても、調書は（捜査側の）ストーリーに寄ってしまう。障害者が間違って逮捕されたとき、助けがないと真っ白が真っ黒にされる」。村木さんは訴えた。

逮捕・起訴されると有罪率99・8％という国内の刑事裁判。それを支えてきた自白調書。捜査官の影響を受けやすい知的障害者の場合、調書は容易に作られかねない。

「知的レベルが低い人の場合、一問一答だと調書に何が書かれているか裁判官が分からない。だから検察官が分かりやすくまとめるんです」。周防さんは検察関係者にこう教えられたことがあるという。「分からないやりとりこそ、調書にすれば知的レベルも分かる。分かりやすい調書で実態を隠してきた」と批判した。

自白調書があり起訴内容に争いがなければ、裁判官も調書に沿った判決を書きがちになるとの指摘もある。一人称の物語形式でつづられた調書に頼る裁判は、裁判員裁判が導入されるまで日常的だった。

では、冤罪を防ぐ取り調べとは――。村木さんは「録音・録画（可視化）で、後から検証できる仕組みを担保する。真実を聞き出す技術も大事」と強調した。

検察は、裁判員裁判の対象事件を手始めに可視化を試行。ただ多くは調書に署名する場面などを撮る一部可視化にとどまり、全過程を録音・録画したのは2割ほど。知的障害者についても全過程は約半数だ。

「後からプロセスを確認できるのが可視化のはず」。江川さんも全過程の可視化を力説した。

検察内部では可視化を評価する声の一方で「身の上話をして信頼関係を築く手法が取りにくい」との意見もある。

周防さんは「取り調べで真相を解明してきた自信はあっても、冤罪もある。従来のやり方を見直し、録音録画をうまく使うことを追求して」と注文した。

コミュニケーションが不得手な障害者には、取り調べに立会人を付けることも効果的とされる。最高検は専門家の立ち合いを試行し、長崎では福祉関係者に同席してもらうなど模索は続く。

知的障害者の取り調べの見直しは、この1年ほどで急速に議論が進んだ。江川さんは最後にこう述べた。「知的障害者は突破口。精神障害者や子ども、外国人、意思表示が苦手な人にも広げないといけない」

刑務所「障害者のついのすみか」——元衆院議員　山本譲司さん

獄中体験に基づく著書『獄窓記』『累犯障害者』で刑務所の実態を世に問うた元衆院議員の山本譲司さんが講演した。障害者や高齢者であふれる塀の中は「福祉の代替施設」になっている。「累犯障害者は社会で最も排除されやすい。刑務所の高い塀は、弱者の受刑者を冷たく厳しい社会から保護する存在に思えた」と振り返り、問題解決を訴えた。

2000年に秘書給与事件で逮捕され翌年に実刑判決を受けた。刑務所で受刑者50人ほどと受けた適性検査でのこと。「読み書きできません」という人や徘徊《はいかい》する人……。「大いにショックを受けました。議員時代に障害者問題をライフワークと言っていたけど、刑務所に入って日本の福祉が分かっていなかったと思い知らされました」

障害のために刑務作業ができない人も多かった。障害者は特別な工場に集められた。独房で泣く人に刑務官が優しく子守歌を歌う姿も見た。

「自分がどこで何をやっているかも分かっていない。刑務官も、罰を与えるというより居場所や寝床を与えているという感じでした」

刑の満期が近づき、娑婆《しゃば》に出るのが怖いと漏らす人も少なくなかった。ある人は「ここ（刑務所）は自由もないけど不自由もない」と言った。「彼らは罪を犯す前、虐待、貧困、排除と99％被害者として生きてきた。社会に居場所がなく、寄る辺もない。刑務所は、ついのすみかだった」

山本さんの最初の著書が出て10年近くたつ。累犯障害者への手当ては、受刑中から社会復帰を支援する地域生活定着支援センターが整備されるなど前進した。ただ「刑務所問題は票にならない」と山本さんに言い放つ与党議員もいる。罪を犯した人との関わりを避ける社会の空気も根強い。「刑務所に入れて排除すればいいのか。社会で迎えるのか。まさに日本のあり方が問われています」と締めくくった。

立会人制度の導入を──弁護士　大石剛一郎さん
更生を共有の目標に──龍谷大学教授　浜井浩一さん

累犯障害者・高齢者に外国はどう向き合っているのだろう。専門家2人が報告し、日本にとってのヒントを提供した。

ノルウェーとイタリアの政策を発表した龍谷大学教授の浜井浩一さん。検挙された人のうち60歳以上が30％、刑務所に入る人のうち60歳以上が15％を超える日本国内の現状を「先進国ではまれ。国際的にも驚かれている」と紹介。「厳罰化の影響で、障害者を含め社会的に弱い立場の人が刑務所に入るようになった。刑事司法に更生という共有の目標がないのが原因だ」と読み解いた。

福祉国家といわれるノルウェーでは、高齢の受刑者・犯罪者が少ない。背景には最低保障年金と「逃げない福祉」があると説明。「高齢者は年金で経済的に困らない。その上、医療から図書館まで受刑者も一市民として同じサービスが受けられる。福祉が犯罪者を嫌がらない」と述べ、罪を犯した人を包み込む社会のありように言及した。

一方、日本と同じ少子高齢社会でありながら60歳以上の受刑者は数%というイタリア。「刑罰の目的は更生」と憲法に明記されている。「刑が確定してもそのまま執行せず、更生のための罰をあらためて考える仕組みがある」と説明した。刑の確定後、矯正処分監督裁判所が受刑者の申請を受け、ソーシャルワーカーの調査を基に最適なあり方を再検討する。障害者や高齢者には保護観察や自宅拘禁などの代替刑が科されるのが一般的という。

「社会全体を変えるノルウェー型か、刑事司法の中で対処するイタリア型か。どう考えるか参考になる」と促した。


弁護士の大石剛一郎さん（東京）は、知的障害があるなど意思表示が十分でない人の取り調べに第三者の立会人を付ける英国の制度を報告した。

制度は冤罪事件を機に１９８４年に始まった。少年や知的・精神障害者が逮捕されると、捜査機関は家族らに通知して立会人の出頭を要請しなければならないことを法律で規定。立会人は容疑者に権利を理解させ、話しやすい環境をつくる手助けをする。立会人を養成する研修もある。

大石さんは課題も挙げた。例えば、立会人にふさわしい人とは誰か。警察関係者以外で18歳以上の責任感ある大人とされるが「親だと先入観で決め付ける傾向があり、ソーシャルワーカーは警察を助ける側になりやすい」。立会人が付かなかった取り調べの供述も、裁判の証拠から必ずしも排除されない実態も指摘した。

それでも、立会人制度がない日本に照らし「弱い人の権利保護のためにも、冤罪を防ぐためにも立会人は有効だ」と、可視化と合わせて取り入れるべきだと強調した。

（2012年7月20日付朝刊より）

第 **1** 章

裁くということ

手探りの裁判員裁判

事件と向き合う　日常に

裁判官とともに法壇に並ぶ6人の市民が、被告や証人の話に耳を傾ける光景が日常になった。２００９年5月に裁判員制度が導入され、5年が過ぎた。

かつて法廷は市民には縁遠い場所だった。難解な法律用語が飛び交い、検察官や弁護士の手元には、風呂敷に包んで持ち込まれた分厚い証拠書類が積まれた。判決まで何年もかかるケースもあった。

今は違う。法廷にはテレビモニターが常設され、証拠書類はカラフルになり、検察官も弁護士も、いかに市民裁判員に分かりやすく説明するかに腐心するようになった。公判前整理手続きを経ているとはいえ、公判自体はだいたい数日間で終わる。

何より重要なのは、裁判員を経験した人たちの意識の変化かもしれない。「罪とは、法律とは……。これほど考えたことはありませんでした」「最初はやりたくなかったけど、加害者の心理や被害者への思いなど、事件の見方が変わった」

従来の裁判に比べて量刑が重くなる傾向もあるが、被告の家庭内の事情などを考慮し、執行猶予が付く割合も増えている。事件の背後にある地域社会のありようや、罪を犯した人の更生にも目が向き始めている。

（新聞掲載＝２０１２年5月21～27日）

裁判員裁判ってなぁに?

ポンきち：そもそも裁判員制度ってなぁに?

記者：刑事裁判に市民感覚を反映させようと、２００９年5月21日に始まった制度だよ。20歳以上の有権者からくじで選ばれた裁判員が、裁判官と一緒に、罪を犯したとして起訴された被告を裁く。裁判員に選ばれる確率は８７００人に１人。裁く対象事件は、殺人や強盗致傷、現住建造物等放火など重大犯罪の第一審と決められているよ。

ポンきち：市民感覚はどう生かされるの?

記者：それまでの裁判官、検察官、弁護士の「法曹三者」で行われていた裁判は、傍聴する市民には分かりづらいものだった。判決も刑の重さが市民感覚から離れていると指摘されるケースがあったんだ。さまざまな人生経験を持つ市民が裁きの場に加わることで、市民の思いが判決に反映され、分かりやすい裁判になることが期待されている。裁判員経験者が社会に増えると、司法制度全体が市民に身近なものになることも目指しているよ。

ポンきち：でも、専門家でない人が裁いて大丈夫かな?

記者：裁判の前に争点と証拠を絞り込む「公判前整理手続き」が法曹三者で行われる。裁判員は犯行の内容を確定させる「事実認定」と、宣告する刑の重さを決める「量刑」を判断するんだ。審理は通常、裁判官３人と裁判員６人、補充裁判員２人で行われる。意見が分かれた場合は、裁判官１人以上を含む過半数の意見を採用するんだ。

ポンきち：制度は開始から5年がたったね。

記者：全国で約3万7000人が裁判員を務めて、6500人以上に判決が言い渡された（14年4月末現在）。裁判官だけの裁判に比べて強姦致傷など性犯罪で厳しい判決が増えている。逆に刑が軽くなった事件も少なくなくて、殺人や強盗致傷で執行猶予が付く割合が増えているよ。過去の判例にとらわれず、被害者感情を重視したり、介護疲れによる家族間の事件では被告の心情をくんだりしたことが要因だろう。

ポンきち：課題は？

記者：裁判員の負担をどう解消するか。仕事や育児など日常生活をやりくりして参加する人が多いからね。平均的な開廷回数は増える傾向にあって、裁判員の在任期間が100日になった事件もある。

　証拠として裁判に提出された遺体や犯行現場の生々しい写真を見て、ショックを受ける人もいる。福島地裁郡山支部であった強盗殺人事件の裁判では、被害者が通報の電話口でうめき声を上げる録音テープを聞き、遺体のカラー写真を見た裁判員の女性が急性ストレス障害と診断されたんだ。

ポンきち：対応策はないの？

記者：裁判所や検察は写真にぼかしを入れたり、イラストを使ったりして裁判員の心理的負担を減らそうと努めているよ。ただ、裁判は裁判員のためのものではない。法曹三者でも「裁判員への配慮が、犯罪の立証よりも優先されては本末転倒だ」という反対意見もあり、模索が続いているんだ。

迅速さに潜む危うさ――誰のための裁きか

福岡地裁の評議室で弁護人が語気を強めた。「認知症の疑いがある。精神鑑定をするべきです」。「必要ありますかねぇ」。テーブルで向き合う裁判長は素っ気ない。検察官は黙ったままだ。

裁判員裁判の審理に先立つ公判前整理手続き。裁判官、検察官、弁護人が非公開の場で争点や証拠を絞り込む。被告の責任能力を調べる鑑定が必要かどうかをめぐる応酬は3カ月も続いた。

福祉施設で、同室の男性をはさみで何度も刺した殺人未遂の罪に問われた折田一男(65)=仮名=。弁護人の赤松秀岳が留置場に接見に赴くと、前に勤務していた会社名さえ思い出せずにいた。

赤松は、普段は穏やかな折田が突然暴力を振るったという施設での記録を取り寄せ、主治医からは脳梗塞で物忘れが悪化したことを聞いた。

幾つもの調査結果を裁判長にぶつけ、ようやく鑑定が認められた。まもなく出た診断は混合型認知症だった。

裁判員裁判は、司法になじみのない市民がわずか数日、平均4回ほどの公判で判決を導く。裁判員の負担に配慮して「公判はより短く、分かりやすく」が制度の趣旨だ。膨大な証拠を整理手続きで厳選し、争点を明確にする。

2012年3月、折田の公判が始まった。「認知症の影響で感情がコントロールできないことがある」。鑑定医は証人尋問で折田の特性を解説した。裁判員らは執行猶予付きの有罪判決を出した。鑑定結果から認知症が犯行に及ぼした影響を認め、責任能力が限定的な心神耗弱《こうじゃく》状態だったとした。

責任能力が絡むと、整理手続きも公判の審理も長引く傾向にある。ある裁判官は言う。「折田のように被害者の傷が軽微なら、鑑定をしてもしなくても執行猶予が予想される。時間ばかりかかって意味はない」


福岡地裁で12年5月17日、傷害致死などの罪で懲役7年の判決を受けた岸川隆二(34)=仮名=の裁判員裁判では、事件の根幹が見落とされそうになった。

「殴って死なせた」と岸川自身が認めたため、前年9月の整理手続きで争点は量刑に絞られた。証拠が出そろっていないにもかかわらず地裁は公判の日程を示し、弁護人の野上太郎も同意した。2カ月たって初公判が1週間後に迫ったとき、解剖医による遺体の鑑定書が開示された。致死量の覚せい剤成分が検出されたとあった。

亡くなったのは覚せい剤が原因ではないか。野上は慌てて死因を再検討したいと裁判長に連絡、地裁は公判を延期した。

裁判員裁判は裁判官だけの裁判とは異なり、公判で証拠を追加したり主張を変えることは原則できない。裁判員が混乱するからだ。整理手続きで検察が示した2千ページの証拠書類は、公判で裁判員に配られるときにはA4判2枚。主張がカラフルな図解入りでまとめられる。

「見て、聞いて分かる裁判」は浸透してきた。ただ忘れてはならないのは、刑事裁判は裁判員のためではなく、被告のためにあるということ。

「分かりやすさと迅速さを優先して、被告にとって大切な証拠をないがしろにするところだった」と野上。「被害者の死には覚せい剤も影響した」と述べる判決を聞きながら、反省の思いを強くした。

見えない評議――どう導くか

有罪か無罪か、有罪ならどんな刑を科すかを話し合う福岡地裁の評議。被告は19歳だった。裁判員に選ばれた会社員山岡英輔＝仮名＝は少年事件の流れを詳しく知らず不安だったが、休憩中の裁判長の一言で少し楽になった。

「被告は家庭裁判所で成人と同じ刑事処分にすべきだと判断されて、ここで裁かれるのです」。大人と同じ立場なんだな、と思った。

少年は、仲間と福岡市などで一人歩きの男性を立て続けに襲い、財布などを奪ったとして強盗致傷罪などで起訴された。

山岡が初公判で接した少年は、短髪のスポーツマン風で背筋を真っすぐ伸ばしていた。「こんな普通の子が……」。衝撃を受けた。涙が込み上げるのを見抜かれぬよう、起訴状が朗読される間、下を向いていた。

ただ裁判長の言葉を踏まえると、未成年だからといって特別扱いするのは抵抗があった。犯行時18歳。野球で鍛えた体は並みの大人よりもがっちりしている。写真で示された被害者の顔は大きく腫れ、強い力で蹴られたことが一目で分かった。

裁判員たちは少年の反省を受け止めつつ、懲役刑を言い渡した。2012年1月のことだ。


この事件では主犯格の少年4人が福岡家裁から福岡地検に送致（逆送）され、裁判員裁判の対象となった。1人ずつ裁かれた。福岡地裁第3刑事部は2人に対し、懲役4年以上7年以下の不定期刑を言い渡した。

同じ地裁の第1刑事部は残る2人に家裁へ戻す決定を出し、少年院での保護処分となった。このうち1人の公判で裁判員を務めた会社員坂本圭吾＝仮名＝は、公判の合間に裁判長が説明した「少年は原則として保護処分」という少年法が心に留まった。刑事処分は、少年院での更生が不可能な場合に限られる。

法廷で証言する母の前で少年は泣き崩れ、顔を上げることができなかった。罪を悔い、立ち直る決意が伝わってきた。共犯の2人が懲役刑となったことを知ったが、あくまでもこの少年について考え、結論を導いた。

公判を傍聴した九州大学准教授の武内謙治（少年法）は「裁判官が、少年法の原則をどう説明するかで判決は左右される」と感じた。

裁判官は評議をどう導くのか。多くの裁判官は「法廷での検察官と弁護人の主張から冷静に判断してもらうため、極力、口を挟まないようにしています」と話す。一方で、司法修習生として何度か立ち会った男性は「強引な裁判官もいる。いろいろです」と言う。

裁判員法は、裁判官が裁判員に必要な知識やルールを説明することを定めるが、評議のやりとりを公表することは禁じている。被告に有利な情報が正しく伝えられたかどうか、現在の制度では検証できない。

刑務所に収監された少年から4月、弁護人の知名《ちな》健太郎定信に手紙が届いた。「自分は、なぜ保護処分じゃなかったんでしょうか」

通常、少年院は1年ほどで退所するが、不定期刑の2人は少なくとも5年は服役する。なぜこうも違うのか。「市民感覚を生かすというが、結局は裁判官次第なのか」。もどかしさを感じつつ、知名は返事を書けないでいる。

試練の検察――従来の手法通じず

福岡県警本部5階の科学捜査研究所。白衣の研究員から説明を受ける若い検察官は、神妙な顔でメモを取っていた。廊下のガラス越しに、DNA鑑定に目を凝らす。「よく分かりました」と頭を下げた。いつもは警察に対して捜査のあり方を指示する検察。「これまでなかった光景だ」。県警幹部は感慨深げだ。

足利事件などの冤罪《えんざい》に加え、厚生労働省の文書偽造事件で元局長の村木厚子が無罪になった。大阪地検特捜部の検事が証拠を改ざんし、検察不信を決定付けた。

警察が捜査し、集めた証拠を基に裁判で有罪を証明するのが検察の役目だ。福岡地裁では、証拠として自白調書が全くない裁判員裁判も珍しくない。自白に頼った捜査と立証は通用しない。客観的な証拠が求められる。

福岡地検の検察官が県警の科捜研に足を運ぶのは2011年から。DNAなど専門的な領域は書類では理解しづらいが、裁判員には鑑定が正しいことを分かってもらわなければならない。捜査技術が進歩する中、最高検は全国の地検に警察の科学捜査を学ぶよう促した。「勉強は絶えずやっていい」と検察幹部は言う。

物証があっても安心はできない。無罪の速報は最高検を震撼《しんかん》させた。10年12月のこと。「証拠がある」。どの検察官も自信を持った鹿児島市の高齢夫婦殺害事件。金を奪うために夫婦宅に入り殺害したとして、男性が強盗殺人罪に問われた。男性は否認し、検察は死刑を求刑。直接的な証拠はなかったが、夫婦宅の至る所にあった男性の指紋やDNAが決め手になるはずだった。

鹿児島地裁判決は、こうした状況証拠では、男性は夫婦宅には入ったが殺害の犯人とは認められないとした。「全くの想定外だった」。公判を担当した検事は振り返る。

検察は控訴したが、12年3月に男性は病死。検察が正しかったと言い返すすべはなくなった。

「夜が明けると雪化粧。雪がいつ降ったか見なくても、夜中に降ったと認定できる」。さいたま地裁で検察官は裁判員に語り掛けた。鹿児島と同じく、自白を含めた直接証拠がない中で死刑を求刑した首都圏連続不審死事件。4月の判決は状況証拠のみで死刑とした。

違いは何か。「少ない証拠を組み立てて、分かるように説明したかどうかだ」。検察幹部は分析する。

「もう驚かなくなりました」。検察関係者は苦笑する。覚せい剤密輸事件で無罪が連発。既に8件。無罪率は裁判員制度導入前の0.6%から2.1%に跳ねた。千葉など事件が多い地検にある捜査マニュアルが古くなっていないか、税関での検査時に対象者の挙動を録画してはどうか——。見直しに向けた議論が始まった。

裁判員裁判と並行して始めた取り調べの一部可視化（録音・録画）は否認事件にも拡大した。現場の抵抗はあるが、検察幹部は「罪を立証するためにこそ、最大限利用するしかない」と言う。「疑わしきは被告人の利益にと考えました」。くだんの鹿児島地裁の判決後に裁判員が述べたように、市民の冷静な視点は刑事裁判を原点に回帰させつつある。厳選した証拠と的を射た主張。検察もまた、基本へ立ち返ろうとしている。

死刑――やむを得ない選択か

「みなさんの意見を書いてください」。裁判長の言葉を合図に、科すべき量刑を書く紙が配られた。考えはまとめていたはずなのに、なかなか鉛筆を握れない。死刑か、回避か。裁判員を務めた会社員山中則男＝仮名＝の手は震えていた。

被告の奥本章寛《あきひろ》（24）は、宮崎市の自宅で義母と妻、生後5カ月の長男を殺害したとする殺人罪に問われた。

証拠の写真には、遺棄された穴から掘り起こされたばかりの男の子の亡きがらが写っていた。怒りが込み上げた。一方で被告席に座る奥本は、まるっきり少年に見えた。傍聴席で心配そうに見つめる両親の姿が目に入った。「もう、耐えられない」と思った。

8日間にわたった評議の最後。6人の裁判員と3人の裁判官の意見がホワイトボードに記されていく。

結論は死刑。裁判長が「休憩にしましょうか」と声を掛けるまでの5分か10分、誰も言葉を発しなかった。沈黙の中で何人かが泣いていた。

2010年12月の宮崎地裁。判決が読み上げられる間、無表情な奥本の後ろで泣き続けた両親の姿を山中は忘れることができない。

「命を奪う死刑の選択は負担が重すぎる」。控訴審が再び死刑とした今も、重大事件は裁判員裁判の対象から外すべきだと考えている。


大阪市のパチンコ店に放火し、5人を殺害、10人を負傷させたとして大阪地裁で死刑判決を言い渡された高見素直（44）の公判は、責任能力が争点になった。

3人の精神鑑定医が出廷。2人は「責任能力があった」、1人は「犯行には精神疾患が影響した」と説明した。補充裁判員として評議で考えを述べた水崎進＝仮名＝は「どちらの意見にもうなずける部分があり難しかった」と話す。

鑑定医の証言をかみ砕いて、全員が納得できるまで議論した。ただ、もし責任能力に問題があったという鑑定医の人数の方が多かったなら、違う考えになったかもしれないとも思う。

控訴したと知り、ほっとした。「高裁の裁判官がプロの目で慎重に判断してほしい」

死刑の判断に苦悩するのは裁判官も同じだ。

元裁判官の弁護士安原浩（兵庫県）は、広島高裁岡山支部の裁判長として死刑を言い渡したとき「私たちとしてはやむを得ないと考えるが、もう一度、別の見方で審理を受けなさい」と上告を勧めた。

裁判官同士で死刑について話し合うことはほとんどなかった。死刑廃止論に共感するようになったが、退官するまでその思いは胸に抑えてきた。

裁判員裁判のもと、この3年で14人に死刑判決が言い渡された。被告が少年だったり、被害者が1人だったりと判断が難しい事件もあった。

日弁連は、死刑は裁判員と裁判官の全員一致で決めるべきだと提言する。これには裁判員経験者から慎重な意見もある。「自分が死刑に賛成したことが周囲に知られてしまう」からだ。

「これまでの死刑適用基準を理解するのは難しく、自分の感覚で判断しました」「遺族感情を考えると極刑が出やすいかもしれません」

いずれも、死刑と向き合った市民の声だ。

控訴審――市民感覚は生きるか

裁判員裁判で傷害致死罪により懲役7年の判決を受けた若宮隆（38）＝仮名＝の控訴審初公判。

福岡高裁の裁判長は突如、弁護人を法壇に手招きして尋ねた。「これが、血に見えますか」。一審判決が採用した現場写真の証拠としての価値を疑っているようだ。壁に黒ずんだ液体が飛び散っている。弁護人が「見えません」と答えると、裁判長は大きくうなずいた。

若宮は、飲酒中に口論となった知人を4回にわたって暴行し、死なせたとして起訴された。裁判長は、このうち1回の暴行の信ぴょう性に目を付けた。一審で検察側はくだんの写真を証拠として提出したが、血液だと示す鑑定書はなかった。「裁判員裁判だから、写真で血痕と認めたのでしょうけど……」。福岡地裁の審理のあり方に皮肉を込めた。

さらに「通路で殴った」と記している一審判決に対して、被告の供述調書は「玄関付近」となっている違いを指摘。「一審の認定には大きな疑問がありますね」。裁判官が、公開の法廷で判決内容に踏み込んだ発言をするのは異例のことだ。

示唆した通り、2011年11月の控訴審判決は一審判決を破棄、1回の暴行を認めず懲役6年とした。若宮が上告し、最高裁は12年3月、控訴審判決を支持した。

この裁判長は10年11月、別の傷害致死事件の初公判でも、裁判員裁判の判決について「傷害と死亡の因果関係を特定しておらず明らかな法令違反。破棄は免れませんね」と発言している。

裁判員裁判の控訴審について、最高裁は「明らかに不合理でなければ一審判決を尊重すべきだ」

との判例を12年2月に示した。福岡高裁の裁判長の言動は、一審を担う地裁などで「市民感覚を反映させる裁判員制度の趣旨に反するのではないか」と波紋を広げていた。

裁判員裁判は、裁判員が理解しやすいように証拠を極力減らす。供述調書などの書面はほとんど採用しない。これに対し高裁は、事件に関する証拠をじっくり調べる。一審判決の不備も見つかりやすくなる。

ある高裁のベテラン裁判官は、刑事裁判はあくまでも客観的な証拠に基づいて予断なく判断されるべきだと考える。「最高裁には怒られるかもしれないが、裁判員裁判であっても高裁はやり方を変えたらいけない」と言い切る。

覚せい剤取締法違反（営利目的輸入）の罪で福岡地裁の裁判員裁判で実刑判決を受け、無罪を主張し控訴した高野信治（26）＝仮名＝は、本紙に寄せた手紙で「市民の判断が間違いないとはいえない。プロの判事が答え合わせをしてほしい」とつづった。

福岡高裁の管内（九州・沖縄）で、裁判員裁判の判決が破棄されたのは12年3月までに13件。中でも、2件の放火罪に問われた女は福岡地裁で1件が有罪、もう1件は無罪となり、高裁で全面無罪となった。検察が上告し最高裁で争われる。

裁判員の判断を尊重するのか。それとも推定無罪の原則に徹した高裁判決を重視するのか。元裁判官で同志社大学教授の杉田宗久（刑事法）は「裁判員裁判の控訴審はまだ事例が少なく、高裁に求められる役割は定まっていない」と最高裁の判断を注目する。

暴力団と性犯罪――担うべきか

鋭い目をした黒いスーツの男たちは、無線のイヤホンを耳にはめ、周囲をうかがいながら玄関をくぐった。遠巻きに警察官。捜査車両も控えている。ここは福岡地裁。裁判員裁判の判決の日だ。

年老いた暴力団の元組員が、対立する指定暴力団道仁会《どうじんかい》の会長宅を襲撃したとして殺人未遂の罪に問われた。法廷の入り口には金属探知機。被告席と傍聴席は透明の防弾パネルで仕切られた。

裁判員の浅野幸枝＝仮名＝が法壇に座ると、傍聴席の男たちの視線が刺さった。「怖い。帰りたい」。目をそらした。

審理で見た映像は今も鮮明だ。手元のモニターに会長宅の監視カメラがとらえた襲撃の様子が映し出された。拳銃を発射した瞬間、元組員の手の先からパッ、パッと閃光《せんこう》が走った。手りゅう弾がさく裂し、砂煙が立ち上る。もうもうとした煙の中から人がはい出てきた。

「これって、現実なの?」。普通のおじいちゃんにしか見えない目の前の被告が、とてつもなく恐ろしく感じた。2日間の審理で裁判員は誰も質問しなかった。「恨まれるのが嫌だったから」と浅野は明かす。

懲役30年の求刑に対して判決は懲役26年。評議に際し裁判長は「同様の判例はありません」と説明した。裁判員を務めた田中隆明＝仮名＝は「自由な評議というよりも、この辺が落としどころかなという感じでした」。考えを反映させられたとは思えないでいる。

福岡県中間《なかま》市で指定暴力団工藤《くどう》会系組幹部を射殺したとして、別の幹部が殺人罪で起訴された。殺人事件は裁判員裁判の対象だが、全国で唯一の例外として裁判官だけで審理された。2010年12月のこと。裁判員法には、裁判員や親族に危害が及ぶ恐れがあれば対象から外す規定がある。発砲事件が絶えない福岡県。同じ年の3月には北九州市の暴力追放運動のリーダーの自宅が狙われた。県警は工藤会の犯行とみる。市民にさえ銃口を向けるとは——。

福岡地検は「工藤会の事件の裁判員を務めたいですか」と市民にアンケートをし、福岡高検や最高検、法務省と協議した。「工藤会だからこその特例」（検察幹部）として裁判員裁判から外すよう福岡地裁小倉支部に請求、地裁支部も認めた。

九州では、暴力団が絡む裁判員裁判は珍しくない。市民感覚を司法に生かすための裁判員制度。除外規定の適用は「極力慎重でないといけない」と、ある裁判官は言う。

性犯罪も、裁判員裁判にふさわしいか議論がある。裁判所は被害者の知り合いが裁判員に選ばれないよう配慮し、傍聴人のいる法廷では匿名で審理している。それでも被害者にとっては苦痛だ。

大分県警は10年4月、強姦致傷《ごうかん》の容疑者を、被害者の希望を受け入れて裁判員裁判の対象とならない強姦容疑で逮捕、送検した。他の事例も知る識者は「被告の罪が軽くなり、刑事裁判本来の姿ではない」と指摘する。

裁判員が被害者のつらい心情に触れることで、性犯罪は厳罰化している。「分かってもらえた」と評価する人もいるけれど、被害を公表する山本恵子（32）は訴える。

「人に知られたくない心の傷と、恐怖を代償にしているんです」

判決の先にあるもの——変わる意識

2012年2月20日の朝。スマートフォンのアラームが鳴った。画面には「命日・愛音《あいね》ちゃん」。気温1度と冷え込む中、草野武志＝仮名＝はベランダに出た。「生きていれば娘と同じ5歳……」。黙って空を見上げた。

草野が福岡地裁で裁判員を務めたのは2年近く前。3歳の愛音が母親の再婚の男に殴られ死亡した事件だった。草野には愛音と同じ月に生まれた一人娘がいる。ふびんな幼子が娘と重なった。

おもらししたというだけで殴られた愛音には、80以上のあざがあった。

男を許すことはできない。でも男も幼いころ親に虐待を受けていた。妻を夜の仕事に送り出し、毎晩一人で義理の娘をみていた。「もう少し、周りが気に掛けることができていたら、悲劇は防げたかもしれない」とも考えた。

悩み抜いた判決は懲役7年（求刑懲役10年）。裁判長に愛音の誕生日を尋ね、命日とともにスマートフォンに登録した。「生きていたら何をしていたんでしょうかね。関わった以上、生まれた日と亡くなった日に、愛音ちゃんのことを考えてあげるくらいのことはしたいなと思います」

児童虐待事件はその後もやまない。街で親子連れを見ると、子どもにあざがないか目がいくようになった。虐待の早期発見や子どもを保護する態勢も強化してほしいと思う。政治や行政にも目が向くようになった。

福岡県粕屋《かすや》町で高校生2人を飲酒運転で死なせた男に萩本純一＝仮名＝ら福岡地裁の裁判員は11年9月、懲役14年（求刑懲役15年）の判決を言い渡した。

萩本にも2人の男の子がいる。「危険運転致死罪の最高刑20年でも軽すぎる」と初めは思った。公判を通して、こうも考えるようになった。「刑を重くするだけでなく、飲酒運転をしたら免許を二度と取れないように法改正したらどうか」

死刑判決に関わった近藤邦夫＝仮名＝は、死刑の次に重い刑が無期懲役であることに驚いた。被告と遺族の双方にとって天と地ほどの違いがある。審理の休憩中、裁判員の間で終身刑のことが話題になった。

大阪地裁の裁判員裁判は12年3月、1歳8カ月の娘を虐待死させた男に求刑の1.5倍の懲役15年の判決を下した。「求刑の八掛け」ともいわれた従来の相場では考えられない重さだ。弁護人は「プロの量刑を市民が正す、と言っているように聞こえた」と話す。男は即日控訴した。

福岡地裁のベテラン裁判官はこの3年、裁判員から事あるごとに保護観察のことを尋ねられた。「僕も実態を詳しく知らなかった。勉強しましたよ」と苦笑する。保護観察所や保護司が関わることで更生を促す保護観察付きの執行猶予判決は、裁判員裁判になって倍増した。

「裁判員は被害者の苦しみと怒りに共感する傍ら、被告が立ち直るにはどうすれば良いかを突き詰めて考える。学ぶべきは僕たちの方でした」。この裁判官は言う。

社会のありよう、司法制度のあり方……。判決の先にも、さまざまな思いがある。

（敬称略）

インタビュー

先入観が及ぼす怖さ

奈良女子大学名誉教授　浜田寿美男さん

「どう言うてええか分からへん」。目撃者として証言台に立たされた少女は、こう言って泣きじゃくり法廷を飛び出していった。30年前、特別弁護人という立場で関わった甲山《かぶとやま》事件の刑事裁判。供述調書のおかしさや取り調べの問題に向き合うきっかけになった。

事件は1974年に起きた。兵庫県の知的障害児施設で園児2人の遺体が見つかった。保育士だった女性が逮捕され、21年もの裁判を経て無罪が確定した。

「知的障害のある園児5人の目撃証言が検察側の証拠の柱でした。供述調書を見たら、あり得ないって思った。調書は1人20通ずつ。最初は5人ともバラバラのことを言っているのに、最後には見事に一致しているのですから」

非公開でなされた園児の証人尋問は、冒頭の少女から始まった。1日で5人全員を終える予定は大きく狂った。

「1日かけても、事件を目撃したという調書通りの話は出ませんでした。少女が法廷を飛び出すたびに中断して。調書との落差は歴然でした」

次の法廷で、少女は目撃したと一転する。でも他の4人の証言も調書と異なる部分が多く、5人の尋問だけで17回、約2年を費やした。神戸地裁は85年、園児の証言は信用できないと女性に無罪を言い渡す。99年に確定した大阪高裁判決はこう断じた。「園児の目撃証言は、警察官の暗示・誘導による」——。

「園児への聴取は、親などが立ち会ったことになっていました。でも実際は親は仕事に行っていても、調書に署名だけをすればよい形式的なものだった。警察官が園児に『見たはず』という先入観で聞き、無意識に誘導した。証言を録音・録画（可視化）していれば、裁判も長引かずにすんだと思います」

最高検は2011年、迎合しやすい知的障害者の調べや捜査を見直す専門委員会を設けた。可視化に加え、立会人を付けることも試みる。

「評価はします。ただ可視化は容疑者・被告だけでなく目撃者や被害者もやらないと甲山事件と同じことが起こります。言葉にこだわりがある障害者は多い。立会人は本人をよく知り、言葉遣いも把握していないと務まらない。ただの付き添いではないのです」

「可視化しても、捜査員は法律用語を使って障害者は理解できないまま調べが進む——。今でもこんなことがある。理解できているか、映像で分析する仕組みも必要です」

障害のあるなしを問わず、犯人でないのに罪を認める「うその自白」で冤罪《えんざい》は生まれる。

「捜査員が犯人だと思い込んで調べ、否認しても聞いてもらえないなら追い込まれます。取調室は非日常の世界。しつこく聞くだけでも圧力になる。あきらめ、逃れたくなって犯人を演じてしまうのです」

「多くの調書は、捜査側に都合のよい部分を書き、調べの全部は記録しません。調書に本人の署名、押印があれば、裁判官は真実だと信じがち。自白に至る過程の不自然さに注目すれば、うその自白は見破れる。裁判官の意識改革もまだまだです」

最高検が昨年掲げた検察の理念。無実の者を罰しない、真実の供述が得られるよう努める――とうたう。

「大事なのは、無実の可能性を意識した取り調べを徹底できるかです。捜査も裁判も間違いはある。内部の検証でお茶を濁さず、中立的な第三者委員会で冤罪事件を検証するところから改革は始まるのではないでしょうか」

はまだ・すみお　1947年生まれ。京都大学大学院文学研究科博士後期課程単位取得退学。専門は発達心理学、法心理学。花園大学教授、奈良女子大学教授を務め2010年退職。子どもの発達理論や心の読み取り方を研究する一方、多くの冤罪事件で、うその自白をする過程を分析してきた。『自白の研究』『自白が無罪を証明する』など著書多数。京都府京都市在住。

（2012年6月24日掲載）

キーワード

公判前整理手続きの長期化●最高裁によると、公判前整理手続きの期間は２００９年５月〜14年２月の平均で6.3カ月。被告が起訴内容を認めている場合は５カ月、否認は8.2カ月。制度開始の09年では、平均と認めている場合がそれぞれ2.8カ月、否認3.1カ月だったのと比べて長くなった。弁護側、検察側双方の主張や証拠が適切に整理されれば裁判員や被告本人にとって分かりやすい審理につながる一方、長期化すれば被告の身柄が長く拘束され、証人の記憶が薄れてしまうなどの弊害もある。

評議の秘密●裁判員法は、裁判員や補充裁判員、その経験者が評議の内容や経過を第三者に漏らした場合、６月以下の懲役または50万円以下の罰金を科すと規定する。裁判の公正や信頼を確保し、評議で自由に意見を言えるようにするのが目的。守秘義務の対象は①裁判員や裁判官がどのような意見を言ったか②量刑などの賛成・反対が何人だったか③事件関係者のプライバシー——など。判決後の記者会見などで感想や事件の概要は述べてよい。裁判官も守秘義務を負うが、違反しても罰則はない。

三審制と上訴手続き●裁判所も誤った判断をする可能性はあり、被告と検察双方は、確定していない判決について3度の裁判を受ける上訴の権利がある。一審の地裁や簡裁の判決に不服があれば高裁に控訴でき、高裁判決に不服があるときは最高裁に上告できる。控訴できる要件は①訴訟手続きに法令違反があった②判決が認定した事実に誤りがある③刑が重すぎる——など。これに対し上告の要件は原則として①控訴審の判断が憲法に違反している②判例に反する判断がある——場合しか認められていない。

裁判員制度の見直し●裁判員法は開始から3年がたった時点で必要に応じて見直しを検討すると定めている。国は①膨大な数の被害者が想定されるテロ事件など、審理が年単位となる事件では、裁判員への過度な負担から裁判官のみで審理する②東日本大震災のように被害が甚大な地域では、裁判員候補者の呼び出し状を送らない③裁判員の選任手続きで事件の概要を示す際、被害者を匿名にするなどプライバシーに配慮する——などをポイントに検討を続けている。日弁連は2012年、起訴内容を否認する被告が希望すれば、対象外でも裁判員裁判とするよう提言。痴漢や交通事故を想定している。検察からは「市民になじみが薄い」として覚せい剤密輸事件を対象から外すよう要望する声がある。性犯罪は裁判員裁判かを被害者が選択できるよう改正を求める声がある。

裁判員経験者へのアンケート●最高裁が裁判員経験者を対象に2013年に実施したアンケートでは、90％以上が「良い経験」と回答した。審理の内容を「理解しやすかった」とした人の割合は裁判員制度開始の09年の70・9％から、10年63・1％、11年59・9％、12年は58・6％と年々減少していたが、13年は66・6％に増えている。12年1〜2月の別の調査によると、法廷で理解しにくかったことは①被告や証人の話す内容（18・4％）②事件内容が複雑（16％）③調書の朗読が長い（10・8％）④証拠や証人が多い（3.1％）⑤審理時間が長い（2.2％）――だった。

関連記事

長男死なせた父無罪／裁判員裁判／正当防衛認める

同居する長男＝当時（25）＝の首をネクタイで絞めて死亡させたとして傷害致死罪に問われた福岡市南区の元タクシー運転手の男性被告（62）に対する裁判員裁判の判決が２０１３年2月1日、福岡地裁であり、野島秀夫裁判長は「被告は意図せずにネクタイをつかみ傷害致死に及んだが、正当防衛が成立する」として無罪（求刑懲役4年）を言い渡した。

判決によると、長男には精神疾患があり、タクシーの無賃乗車などを繰り返していた。男性は12年9月10日、長男の外出をやめさせようとしたところ、顔を殴られてつかみ合いになった。長男をうつぶせの姿勢でソファに押しつけて襟首をつかんだ際、ネクタイで首が絞まり長男は死亡した。福岡地検は「意図的にネクタイで首を絞めた」として起訴。弁護側は「ネクタイを着けていたことには気付かなかった」と無罪を主張した。

判決理由で野島裁判長は「長男は長袖シャツとハーフパンツを着ており、ネクタイを着けているとは考えがたい服装だった。被告は殴られて無我夢中だったので、ネクタイをつかんだことに気付かなくても不合理とはいえない」と述べた。

さらに「長男は暴れて抵抗しており、身を守るには、相当の力を込めて取り押さえることはやむを得なかった」と正当防衛を認めた。

最高検によると、裁判員裁判での全面無罪判決は12年末までに21件。福岡地検の玉置俊二次席検事は「内容を精査し適切に対応したい」とコメントした。

心病み暴力振るう息子 「治療を」望む父の手が……／罪と罰――裁判員も苦悩

無罪が言い渡された被告の男性は、記者たちに「まだ心が定まっていません」とだけ話すと、涙を流す家族らに体を支えられて福岡地裁を後にした。死なせてしまった長男は、いじめがきっかけで精神疾患に苦しんでいた。無賃乗車などを繰り返し、暴力を振るう長男を治療し、仲の良い親子に戻りたいと男性は願っていた。「背景を知るにつれ、夜も眠れないほど悩みました」。裁判員は打ち明けた。

判決などによると、長男は事件当日も、万引や無銭飲食、無賃乗車を繰り返した。公判で男性は「息子が問題を起こすたびに弁償や謝罪をし、つらい思いをしていた。事件の日は、外出させず、すぐに入院させたいと考えていました」と話した。

弁護側の説明などによると、長男は高校時代にいじめに遭い、そううつ病などを患った。一度は良くなったが2年ほど前から悪化し、問題行動を繰り返すようになった。

男性はがんが進行し、医師から「手術は不可能」と告げられていた。公判では「自分の手で息子を死なせてしまった。どれだけ生きられるか分かりませんが、一生をかけて弔います」と悔いた。

判決後の記者会見で、裁判員を務めた30代の女性は「いじめの問題とか、この人は罰を受けなければならないのかとか、考えて悩みました。悲劇と向き合い非常に責任を感じました」と語り、別の男性は「精神疾患の家族を抱える家庭に、社会は何ができるのか考えないといけないと思います」と感想を述べた。

判決を言い渡した野島秀夫裁判長は男性に「心が晴れることはないかもしれませんが、奥さんと一緒に手厚く供養し、お体もいたわってください」と語りかけた。男性は涙を流す妻と固く手を握り合った。

（2013年2月2日付朝刊より）

第**2**章

刑のかたち

再犯防止へ続く試み

「軍隊式」から教育へ

40年以上前、18歳で刑務官になった九州出身の男性は「刑務所は監獄。監視するのが仕事だ」と先輩に教わった。

受刑者は手を肩の高さまで上下する「軍隊式」行進が当たり前。規律違反者には「愛のむち」もあった。社会から隔絶された空間は独特の雰囲気があり、受刑者たちは工場を担当する刑務官を「おやっさん」と呼んだ。おやっさんの顔をつぶすな、と。「とにかく刑務作業をやらせる場所だった。犯罪の根本に関わる教育なんてなかった」

そんな「塀の中」の光景は過去の話になりつつある。きっかけの一つは、2001年に名古屋刑務所で起きた「放水死事件」だ。受刑者に消防用ホースで放水し死亡させたとして刑務官2人が有罪判決を受けた。元受刑者による再犯事件が絶えないことも「刑務所は更生の場なのか」との疑念を招いた。

こうした反省から、一世紀近く見直されなかった監獄法に代わって06年に刑事施設・受刑者処遇法が施行され、受刑者の権利・義務、職員の権限を明確にし、受刑者への矯正教育を義務化した。作業から教育へ――。民間の発想を生かした新しい試みが続いている。

（新聞掲載＝2012年10月19〜27日）

刑務所ってどんなところ?

ポンきち：どんな人が入っているの?

記者：罪を犯して裁判で懲役刑や禁錮刑が決まった人だよ。作業の義務がある場合を懲役刑、義務のない場合を禁錮刑というけど、90数%が懲役刑の人なんだ。それから、死刑が確定した人は刑務所ではなくて拘置所に収容されているよ。

ポンきち：作業って?

記者：木工や洋裁、金属加工、革細工などで、刑務作業と呼ばれる。墓石やみこし、きりだんすを造る施設もある。受刑者には月4700円ほどが支払われるけど、これは賃金ではなくて、作業意欲を促し、社会に出た際の資金にするための賞与という扱いなんだ。作業中の私語は禁止で、トイレに行く際も刑務官の許可が必要。各施設で「矯正展」という販売会が開かれ、商品を買うことができるよ。

ポンきち：どんな生活を送っているの?

記者：一般的な刑務所では、朝6時半に起床して日中は刑務作業を行い、夜9時に就寝する。入浴や運動の時間はあるけれど、何事も時間で区切られ、行動は統制されている。土日祝日など刑務作業がない日は、1日を居室の中で過ごすよ。

ポンきち：食事や洗濯はどうしているの?

記者：刑務所はよく「自己完結型の施設」と言われる。食事や洗濯を含めて生活に必要なことは受刑者たちで役割分担され、塀の中でやりくりされるんだ。食事は居室（部屋）で食べ、けんかやいじめにつながらないようにおかずのやりとりは禁止。規律違反があれば、反省を促す懲罰房に入れられるよ。

ポンきち：居室ってどんな造りなの？

記者：1人用の独居房（4畳ほど）、6人以上が使う雑居房（10畳ほど）があってトイレや洗面台、テレビ、棚が備え付けてある。逃走防止のために窓には鉄格子がはめ込まれているよ。

ポンきち：全国に幾つあるの？

記者：刑務所が62カ所、少年刑務所は7カ所。あまり知られていないけど、施設ごとに収容者の特徴は違うよ。同じ特徴の人を集めた方が効果的な処遇につながるからで、前科や刑期、性別、国籍などで分類するんだ。

女子は「W」、外国人は「F」、10年以上の刑期の人は「L」、初めて罪を犯した人など犯罪傾向が進んでいない人は「A」、再犯者や暴力団など犯罪傾向が進んだ人は「B」と表現する。例えば「LBの刑務所」なんて呼び方をする。Aには飲酒死亡事故など交通事犯の人を収容する「交通区」があって、居室の出入りを自由にするなど半開放的な処遇が行われているよ。

ポンきち：映画で面会のシーンを見たことがあるな。

記者：受刑者は回数に制限はあるけれど面会や手紙を出すことができる。本や雑誌を購入して読めるし、運動会や歌手のコンサートも開かれるよ。

「刑務所を見ればその国の文化水準が分かる」と言われる。社会の目が届かない場所で罪を犯した人がどう扱われているかを見れば、その国の人たちの人間観や人権意識が分かるということなんだね。

選別される受刑者――PFI刑務所

タオルを巻いたペットボトルを投げると、ラブラドルレトリバーの子犬が勢いよく走りだした。室内は歓声に包まれた。

「カムカム！　そうそう、オッケー！」

黄色いシャツに短パンの男性が叫ぶ。子犬がペットボトルを口にくわえて戻ると拍手が湧いた。フローリングの床に寝そべる子犬。ほほ笑む男たち。大きめのガラス窓から秋の日差しが注ぐ。訓練生と呼ばれる彼らは犬の訓練士ではない。受刑者である。

島根県浜田市の山あいに、民間の力も活用する社会資本整備（ＰＦＩ）方式の刑務所、島根あさひ社会復帰促進センターはある。国内初の盲導犬育成プログラム「パピー・プロジェクト」が始まって5期目だ。

5人1組で10カ月、子犬を預かる。食事や排せつの世話、訓練……。夜は当番が居室のケージに入れて見守る。

狙いは、信頼され達成する喜びを感じてもらうこと。チーム行動で人間関係も学べる、という。

「子どもを育てる感覚ですね」。入所3年目の受刑者酒井清志（32）＝仮名＝は「オリオン」を育てて7カ月。「外にいるときは逃げてばかりだったけど、責任感が湧きました」

週1回指導に訪れる日本盲導犬協会の松本健太郎（38）はうなずく。「犬が介在すると人は素直になれる。1カ月で柔和な表情に変わりますよ」

センターに刑務所特有の高い塀はない。受刑者が暮らす収容棟や居室に鉄格子はなく、強化ガラスの窓がある。

監視カメラは650台。居場所を示すICタグを身に着ける代わりに受刑者は一人で面会室に行ったり、共有スペースで談笑したり自由に過ごせる。覚せい剤の密輸に関わり、別の刑務所から移送されてきた池田典夫（41）＝仮名＝は戸惑った。「前の施設と違う。社会に戻るときのために自立性を求められているんでしょう」

食事は給食業者が準備し、自動搬送システム（AGV）という箱型ロボットが各棟まで運ぶ。食べ終わった食器を箱に戻すと、ロボットは自動的に戻っていく。近年カバーされた坂本九のヒット曲を奏でながら――。

《明日《あした》がある　明日がある　明日があるさ～♪》

同じころ、九州北部の刑務所。幹部はため息をついた。「うちに来る受刑者は不健康な若者、高齢者ばかりだ」

ＰＦＩ刑務所は「選ばれた受刑者」を収容する。島根あさひは、初犯で集団生活に順応できる者を集める。同じＰＦＩの美祢《みね》社会復帰促進センター（山口県美祢市）にいたっては、60歳以下、心身に障害がない――といった基準を満たす〝エリート〟しか受け入れない。

条件に合う受刑者は一般の刑務所では食事や洗濯、各工場のリーダー役を任される貴重な働き手。島根あさひセンター長の手塚文哉は「そんな不満は甘えにすぎない」と言い切るが、人材を奪われる現場は切実だ。

それでも美祢の収容率は65％にとどまる。全国的に犯罪が減り、受刑者は減っている。定員割れは共同運営する民間業者にとってよい話ではない。美祢は一般刑務所の職員を集める見学会を開き、受刑者を移送してくれるように促す。「ＰＦＩはハードルを上げ過ぎた。今のままではもたない」と法務省関係者も認める。

受刑者の「選別」が織りなす光と影。では、ＰＦＩの試みは再犯防止につながっているのか。

民間の風「監獄」一変

人生のなかで一番大切なのは――。物、思い出、人……と分野別に25項目を並べた受刑者は３人１組で語り合った。「母親」を挙げたある男性。「手紙でもう１回頑張ろうって言ってくれました。

裏切れない」

講師の勝田浩章（35）が口を挟んだ。「社会に出ると大切なものを、たぐり寄せる作業です。今度は失わないため、再犯しないために考えましょう」。車座の受刑者12人の顔が引き締まった。

「反犯罪性思考プログラム」という聞き慣れない指導だ。全国初のPFI刑務所・美祢社会復帰促進センターが2007年の開設時から行う独自の教育。勝田が勤める民間企業が開発した。誤った考え方や行動に気付かせ、問題に直面したときの解決法を4カ月かけて学んでもらう。

勝田はスライドを駆使して呼び掛けた。「人生は問題解決の連続。誤った選択をしないための方法を身に付けましょう」

当初から指導を一手に担う勝田は、かつて児童養護施設の職員だった。わが子を虐待した親が刑務所に入っても変わらない姿を見てきた。「刑務作業だけで矯正は無理。問題の根幹の心に向き合う方法を教えないとつまずく」

「いつも逃げてきたことに気付きました」。強盗罪で服役する山下謙太（33）＝仮名＝は、自らと向き合う日々だ。

女子の訓練室は、調理台を備えた家庭科教室のよう。三角きんを着けた横山彩（37）＝仮名＝が手にしたのは、包丁。タマネギの切り方を練習した。調理技術を身に付けて、飲食業界で即戦力を目指すフードコーディネーター科の一員。「ほかの刑務所では、できないことばかりです」

教育と並び、ＰＦＩ刑務所が力を入れる職業訓練。木工、溶接といった刑務所定番の作業は影が薄い。コールセンター科、介護科……と各施設は社会や受刑者のニーズに応じた訓練を行う。

同じ日、男子の訓練室では50人ほどがパソコンに向かっていた。全員が毎週受けるワープロと表計算ソフトの講習。〝エリート〟が集う美祢でも入所前は7割が無職。「技術だけじゃ駄目。社会人としての基礎力アップが必要」とセンター長の斉藤峰《たかお》は狙いを語る。

特色あるメニューで受刑者の立ち直りを促すＰＦＩ刑務所。島根あさひのセンター長手塚文哉は強調する。「従来の金太郎あめの刑務所ではなく、受刑者ごとの対応があってしかるべきだ」

12年夏、法務省の担当者は各ＰＦＩ刑務所を訪れた。教育や指導の効果を検証するよう促した。「プログラムの実行から評価の時期になった」と迫る。島根あさひは地元の大学などと手を組み、すでに検証チームを発足させた。来春をめどに結果をまとめる。

ＰＦＩ刑務所が誕生して5年。その陰で人材不足に悩む刑務所がある。仮釈放が9割を超すＰＦＩを出ても、再犯する人はいる。「社会実験」とも言える新しい矯正のかたちは、どのくらい効果があるか。まだ明らかではない。

再犯率が43％と上昇するいま、法務省関係者はＰＦＩの試みを「日本の刑務所像を探る試行錯誤」と言う。

あふれる「犯罪学校」——女子刑務所

ミッキーマウス、くまのプーさん……。鉄格子の窓から入る秋風にキャラクタータオルが揺れる。ここは佐賀県鳥栖《とす》市の麓《ふもと》刑務所。九州唯一の女子刑務所だ。クリスマスには体育館にツリーが飾られ、受刑者の居室には料理のレシピ本が並ぶ。

処遇部長の辻本薫（50）は毎朝手を合わせて出勤する。「今日1日、職員が無事に過ごせますように」。そう、ここは〝戦場〟なのだ。

テレビと机、荷物入れのケースが置かれた3畳間。1人用の居室だが2人が寝起きする。布団を敷けば足の踏み場はない。「朝起きたら他人の顔がすぐそば。でも居室に空きがないんです」と辻本は説明する。6人部屋は8人で利用している。

全国の女子刑務所は定員超過が続く。近年の収容率は120%。受刑者は「いろんな人がいて口げんかにもなる」と明かす。刑務作業のない土日祝日は1日の大半を居室で過ごす。「長い連休はきつい」（辻本）。居室の変更を願い出られても回答は「我慢」だ。

過剰収容の一因は覚せい剤取締法違反と窃盗での服役の多さ。全国統計では両罪名で全体の76%を占め、累犯も多い。

「犯罪学校」。女子刑務所をそう例える刑務官もいる。男子の受刑者は犯罪傾向の進度ごとに刑務所が分かれるが、女子は初犯から累犯までを一つの施設に収容する。覚せい剤の仕入れ先などの「裏街道」情報が〝先輩〟から伝えられる。

辻本が前にいた施設では受刑者が無言のままパイプいすで刑務官に殴り掛かった。「職員の戦闘態勢をどう維持するか、知恵とエネルギーを注ぎ込んできた」

60代の沢井美智子＝仮名＝は麓刑務所に服役中。窃盗罪で7回目の入所だ。娑婆《しゃば》では私生活でイライラすると缶ビールを飲み、ショッピングモールに向かった。万引と置引を繰り返した。「スカッとする」と感じた。

今回は1年8カ月での〝出戻り〟。服役は通算10年を超え、職員の多くは顔見知り。縫製作業でミシンの扱いも慣れた。

1年前、塀の中で夫の死を知った。「人さまに迷惑をかけるな」と諭されて裏切り続けた。夫のためにも二度としない。そう決心するが「出所して気持ちがいつまで続くか。不安です」。

「新人と見透かされているようで……怖かった」

麓刑務所で3年目の刑務官、武田美帆（20）＝仮名＝は高校を出て職に就いた春を思い出す。入れ墨の入った受刑者の視線が刺さり、品定めされていると感じた。

全国に七つある女子刑務所の刑務官は大半が女性。麓刑務所では、そのうちの4割が採用から3年以内の若手。中堅は社会資本整備（PFI）方式の刑務所設立で引き抜かれていった。対する受刑者は平均年齢が50歳に近い。武田は「～しなさい」と命令口調に努めるが、つい敬語が出てしまうこともあった。母親や祖母の年代の受刑者はざらなのだ。

若い女子刑務官の割合が高く、中堅が少ない構図は全国的な課題だ。ベテラン刑務官に従順な受刑者も若手には「なめてかかる者もいる」。受刑者の矯正と若手刑務官の育成。そのはざまで現場は苦しむ。

麓刑務所の幹部は言う。

「昔はヒヨコを連れた親鳥のように若手を大事にできた。今はハブとマングースの中に放り込む感じ」

堅気の道へ背中押す——脱暴力団

目つきの鋭い男たちが教室に集まってきた。3度目の受刑となる加藤真吾（36）＝仮名＝もいる。指導員が見せたのは、金銭の出入りを記録する、いわゆる小遣い帳。「少ない給料も、こうやればやりくりできます」

10代で暴力団に入り、その日暮らしで生きてきた加藤。一晩で50万円使ったこともある。「金銭感覚がおかしかった」と、いまは思う。

受刑者およそ1600人のうち、3割が暴力団関係者の福岡刑務所（福岡県宇美町）。教室で開かれていたのは、暴力団をやめるように促す離脱指導だ。2006年に始まり、福岡のように累犯者が集まる刑務所で行われている。4カ月かけて受刑者同士が語り合うなかで、暴力団の反社会性ややめる方法を学ぶ。

加藤の20代は、ほぼ塀の中だった。「刑務所に慣れてまひした。足を洗いたかったけど、満期までただ時間を過ごすだけだった」

「指導でも受けけんと、漫画読んで、テレビ見るだけ」。首席矯正処遇官の天本浩義（52）は苦笑する。暴力団をやめたいのに行動に移せない。指導が、そんな受刑者の背中を押す。

受刑者の1人が作業工場から締め出される、いじめがあった。数年前、別の刑務所でのこと。暴力団を抜けようと指導を受けたからだ。「組員は〝裏切り者〟の足を引っ張る」と加藤も言う。組員が多い福岡刑務所では、離脱指導は希望者から選ぶ。指導する教育専門官も限られ、受講できるのは年20人ほど。嫌がらせを恐れて言い出せない人、日頃の態度が良くない人は選ばれない。指導に触れぬまま出所する組員が大半なのだ。

「あいつ〝Gとれ〟になった」。所内でうわさが広がる。現役から元組員になり、G（ギャング）

の肩書がとれたことを意味する隠語だ。

組員かどうかで変わるのは、仮釈放。現役ならあり得ないが、Gとれなら道が開ける。福岡ではこの5年で179人が認められた。「仮釈放欲しさに、指導を利用する者もいる」と天本。組を抜けたいはずなのに、工場で組長と親しげに話し、暴力団情報が満載の雑誌を買う。「偽装離脱」を見抜くのも刑務官の仕事だ。

指導を受けた人が社会で暴力団と関わっていないか、国は調査していない。教育専門官は言う。「偽装までいかなくても、曖昧な気持ちで指導を受けた人、性格的に弱くて心配な人はいます」

「組を抜けても仕事があるのか」。受刑者が口にする出所後の不安。加藤も痛いほど分かる。2度目の出所のとき、仕事が見つからず生活に困った。3カ月後、組事務所に電話した。「おかえりー」と仲間が迎えた。「ここが居場所」。そう思い込んで戻った。

まともに働いたことがない組員は少なくない。元刑務所長は思案する。「離脱指導と就労支援をセットでやらないと、暴力団に舞い戻るのでは」

最近、加藤は警察の仲介もあり組を抜けることができた。「ほっとした。指導がなければできなかった」。改正暴力団対策法に暴力団排除条例。社会の厳しい目も学び、堅気になれても「組にいた、っていうのは重い」としみじみ思う。

前を向こう。出所したら、74歳の父が営む家具店を継ぐ。人生初の目標に向かって。

自分を見つめるとき——特別改善指導

——生まれ変わったら、どういう人間になりたいですか？

服役直後のアンケートに古畑直樹（29）＝仮名＝はこう書いた。「大麻が合法な国の人になりたい」

10代で大麻に手を出した。マンションの一室で栽培し、売るようになった。輪ゴムで留めた現金20万円の束を幾つも持ち歩くほど稼いだ。逮捕されたときも「どうしたら刑が軽くなるだろう」。罪の意識など、まったくなかった。

服役2年目。移送された奈良少年刑務所（奈良市）で薬物依存離脱プログラムを受けた。車座になって体験を話し合う。

他の受刑者が語った。「もうやめようと思っても、売人から『いいのが入った』と電話があると、ついつい……」。自分も客にそんな電話をしていたな——。古畑は少しずつ気づき始めた。

殺人、窃盗といった犯罪と異なり被害者が見えにくい。が、自分の売った薬物によって家庭や仕事を失い、人生をボロボロにした人たちがいる。

これが罪悪感か。その場で頭を下げた。「代わりに皆さんに謝らせてくださいい。すいませんでした」

薬物犯罪は再犯の恐れが強いとされる。２０１１年度の矯正統計によると、覚せい剤取締法違反の罪で刑務所に入った人のうち再犯者は6割以上。06年施行の刑事施設・受刑者処遇法は、薬物離脱の取り組みを特別改善指導の一つに挙げた。

「心の飢餓感が依存につながる。信頼関係をつくり、彼らが自分と向き合えるように支えるのが仕事です」。奈良少年刑務所で薬物離脱指導を担当する教育専門官、竹下三隆(57)は説明する。「教官が背中を押してくれた。人間関係とか、大事なものに気付けた」。出所した古畑は郷里の九州に戻り、立ち直りに向かっている。

奈良少年刑務所は、性犯罪防止教育の推進基幹施設でもある。西日本の受刑者が集められ、グループワークを中心に罪にいたる原点を探る。手がかりは「自分史」だ。

《小学生のとき授業を妨害して迷惑をかけた。自分はいない方がいい……》。九州から移送された30代の津村拓也＝仮名＝は、学校になじめなかった幼少時から記した。同年代の友だちができず、年下の男児と遊ぶうちに性加害につながった経緯が浮かぶ。

教育の過程で、いらだってノートを赤ペンで塗りつぶした。ひと言も口をきかない日も。ようやく「同年代の男友だちをつくることも必要だ」と言い始めた。「何とかしたいという彼の思いは真剣だ」。担当の教育専門官、犬塚貴浩（39）は津村の変化を感じている。

心配は出所後だ。家族は引き取りを拒否。仮釈放なら保護観察所で受けられる性犯罪者処遇プログラムも、満期出所者は対象ではない。社会で疎外感を味わったら、再び道を外れないだろうか。

子どもへの性犯罪の前科があれば、住所の届け出を義務付ける大阪府の条例が12年10月1日、施行された。大阪市長橋下徹が府知事時代「日本は生ぬるい」と提案した。前科があるというだけで監視の目にさらすことに、人権上の批判は根強い。

犬塚が注目するのは、届け出者は府独自の支援プログラムを受講できる点だ。「彼のような人にとっては意味がある」

塀の中と社会をどうつなぐか。模索は続く。

元気な若手が世話係――高齢者・障害者

テーマは「秋を感じること」。U字形に座るお年寄りが一人ずつ語り始めた。

「プロ野球の日本シリーズを思い出します」

「マツタケのおうどんで香りを楽しみました」

それぞれの思い出に、丸刈りの白髪頭を揺らしてうなずき合う。拍手を浴びて照れる人もいた。

輪投げもした。服役する高齢者や障害者のためのプログラム「リハビリ・スポーツ」の時間だ。

社会資本整備（PFI）方式の刑務所喜連川《きつれがわ》社会復帰促進センター（栃木県さくら市）には、増加傾向にある高齢者や障害者の「特化ユニット」がある。この種の施設では最大規模の定員500人。小学館集英社プロダクションが開発したプログラムを採用している。

精神障害者にはフラワーアレンジメント、知的障害者には、ちぎり絵や粘土細工。身体やコミュニケーション能力の低下を防ぎ、社会復帰の意欲を促す狙いがある。

「『家庭の医学』を見ながらの仕事です」。喜連川3年目の刑務官、平原長英（32）から見ると、物事の善悪を判断できる刑事責任能力を疑う者も多い。「被害者は『何でそんな人を助けるの』と思われるかもしれませんが、刑罰がふさわしくないような人もいます」

大分市の住宅街にある大分刑務所。「機嫌が悪いときは、おっきな子どもみたい。親ぐらいの年齢だけど」。窃盗罪で服役中の三浦一秀（50）＝仮名＝の役割は介護だ。

2009年、全国の刑務所で初めてバリアフリー棟を建てた。廊下や階段に手すりを付け、車椅子用シャワー室もある。三浦のような元気な者が認知症の高齢受刑者などの世話係を務める。

おむつを替え、排せつを手伝う。お風呂に入れる。「最初はご飯が喉を通らなくて……。『ありがとう』と言われると世話のしがいもあります」

65歳以上は収容者の1割、120人ほど。最高齢は87歳だ。ぼけ防止の「脳トレーニング（脳トレ）」ブームに火を付けた小型ゲーム機も活用している。

昨春新設した高齢者・障害者用の「16工場」では、背中を丸めて袋ののり付けをする受刑者の姿があった。「慌てなくていいから。丁寧に」。担当する刑務官、植野剛（48）は口癖になった。「やりたくない」。駄々をこねる者もいる。顔色が悪い受刑者に「どうしたん？」と声を掛けると、「（昼食の）汁がぬるかった」

「気配りが大変。若手のときはこんな仕事をするなんて想像もできなかった」。植野の実感だ。

口紅を塗り、おしろい代わりに、あせもを防ぐパウダーを付け浴衣に身を包む――。女子刑務所らしい姿が見られた盆踊り大会を、麓《ふもと》刑務所（佐賀県鳥栖市）は数年前に取りやめた。高齢の受刑者が増え、熱中症が心配になったためだ。

病気を抱える者も少なくない。「問われるのは保安より健康管理」という声も。ある若手刑務官は「巡回時に受刑者が布団を頭までかぶっていると、呼吸しているか不安になります」。救急法を学ぶ刑務官もいる。

かつては、娑婆《しゃば》に残した男をめぐって受刑者同士、壮絶な〝女の闘い〟もあったとか。

「でも今のけんかは……」と幹部。「ウンチを漏らして片付けないとか。老人ホームみたいね」

心をほぐすことから――医療刑務所

「お金あげるから、もう万引はやめてね」。スーパーに行こうとするたびに母は悲しい顔になった。パートで得た、なけなしの生活費から5000円札をくれた。

悪いことだとは分かっていても、やめられなかった。パンやチョコレートを手提げ袋に入れ、レジを通らず店を出た。

食べても全部、もどしてしまう。それも分かっていたけれど――。

北九州医療刑務所(北九州市小倉南区)に服役中の加納幸子(30)=仮名=は摂食障害と闘っている。

「最初はダイエットのつもりでした」。中学2年から拒食と過食を繰り返した。体重が28㌔に落ちたこともある。

万引で5回捕まったときは過食の状態だった。母と2人暮らし。仕事を辞めて引きこもっていた。50万円ほどの貯金はお菓子やアイスに消えた。お金が底をつくと不安になる。母からもらったお札が財布に入っていても「足りるかどうか怖くなった」。1年前、チョコやダイエット甘味料を盗んだことで執行猶予が取り消された。

いまは規則正しく食事もとれる。摂食障害は、中枢性摂食異常症という難病だ。でも「病気の人がみんな万引するわけではない。許されることではないですよね」。加納はようやく自分を見つめ直し始めた。

摂食障害の女子受刑者は全国的に増えている。「命に関わる問題。家族には生きた体で帰してあげたい」。北九州医療刑務所の刑務官、是枝公子（38）＝仮名＝はこれまでも、体重25キロでも病気だと認識できないような受刑者たちと向き合ってきた。

「あの子、みそ汁のモヤシが1本多い」。居室では食事の取り分けで争いになる。シャンプーの容器にジュースを隠す。料理の本に本物のハンバーグが挟まっていたこともあった。後で欲しくなるからと、食べずに取っておくのだという。

畳のへりが「よく見るとごつごつしていた」こともある。塗り付けられた嘔吐《おうと》物がからからに乾いていた。「常識では考え付かないような隠し方をしますから」

摂食障害の主な受け入れ先はこれまで八王子医療刑務所（東京）だけだった。北九州もこれから重点施設になる。

精神疾患のある受刑者の単独室は、トイレにもレバーなどの突起物はない。天井にカメラ。自殺を防ぐためだ。手洗い場の排水溝もすぐには流れない。「吐いたものをこっそり流さないように」

統合失調症、薬物中毒、発達障害……。医療刑務所にはさまざまな受刑者が移送される。「天下二刀流」。北九州医療刑務所の2012年度の職員スローガンだ。刑務官として厳しく接する一方、ときに介護者のように優しく寄り添い、心を解きほぐす。

刑務官として30年の総務部長運天《うんてん》先伸《さきのぶ》（53）は着任して驚いた。受刑者との私語を良しとはしない一般の刑務所とは百八十度違った。「ここでは心のキャッチボールが必要なんです」

芝生や草花、背の高い樹木も植えられている。一般の刑務所では防犯上あり得ない。気持ちを和ませるためだ。

「病気を治してもらわないと、罪と向き合う力もない」。是枝はそう実感している。

チリン、チリン――。

受刑者の作った陶器の風鈴が風に揺れていた。

失望と期待に揺れる――長期収容

更けゆく夜の熊本刑務所（熊本市中央区）の廊下を、刑務官が靴音を立てぬように歩いていく。居室に目を凝らす。心がざわめく。夜勤の責任者となって4年の福岡成幸（49）は、これまで「最悪の事態」に2度遭遇しかけた。

受刑者の自殺である。「一番怖い」と福岡。命を絶とうとした2人を後輩が見つけた。1人は通気口から首をつり、1人は口にビニールを詰めて窒息しかかっていた。

刑に服するのが10年以上の累犯を収容する熊本刑務所。無期懲役が2割を超え、暴力団関係者は半数。命令に歯向かう者がいる。一方で、先が見えない不安に押しつぶされる者、家族や大切な人の死を知り動揺する者がいる。「一瞬で不安定になる」(福岡)。刑務官の緊張は絶えない。

木工作業の「11工場」で、担当刑務官の溝田智大(38)が言った。「次は卓球大会。気持ちを切らさんように」

長期刑は共に生活する年月が長く、受刑者同士のいさかいが多い。「好かん」「いじめられとる」。担当は部屋割りに気を配り、相談に乗るが、全ての要求は聞けない。春はソフトボール、秋は運動会、晩秋は卓球……。行事や作業で目標を持たせ、不満がたまらないようにする。

1998年から初犯の長期刑を受け入れる大分刑務所(大分市)。「眠れない」と受刑者が次々と睡眠薬を求め、薬がまん延した時期があった。正しく服用しないことで落ち着きがなくなり、職員は疲弊した。「一度荒れると、収めるのは倍の時間がかかる」

福岡は熊本刑務所に来て20年になる。無期懲役の受刑者が老けたと感じる。なじみの顔に声を掛ける。「おう、頑張っとるか」。「頑張ってますっ」。白髪頭から弾んだ声が返ってくる。

無期懲役の受刑者は全国で増え、高齢化している。熊本は70代以上が50人近い。厳罰化に加え、仮釈放の判断が厳しくなってきた。熊本では年に一人認められるかどうかだ。だから仮釈放の知らせはすぐに所内をめぐる。「○○さん、出たらしいっすね」「自分はまだですか」。口々に聞いてくる。福岡は力を込めて返す。「いつか出られるかもしらんけん、頑張れ」

大分刑務所のベテラン刑務官の思いは、少し違う。頑張れとは言えない。「慌てるな、焦るなよ」と伝える。仮釈放の光は小さく遠いからだ。

40年近く服役する篠崎学（69）＝仮名＝はしみじみと語る。「被害者のことを思えば、生かされているだけでありがたい」

よわいを重ね、反省を深める者がいる。刑務官の気持ちも揺れる。

ピーッ。心電図の電子音が響いた。受刑者の臨終。悪性腫瘍に侵されていた。「もう少し、生きたかったろうに」。立ち会った刑務官はその光景が頭から離れない。

獄死。塀の中での最期は珍しくなくなった。福岡はこのところ毎年みとっている。横柄な態度でいかつかった顔が、いつしか丸くなっていたこともある。「一人一人違う。一言ではとても……」

遺体は引き取り手に返される。迎えがなければ刑務所が葬式をする。ごく小さな部屋で。幹部や担当刑務官が手を合わせて荼毘《だび》に付す。

手を振り払われても――出所時調整

介護スタッフに付き添われ、車椅子のまま迎えの車に乗り込んだ70代の斉藤昇＝仮名＝。体にまひがある。「お世話になりました」。ある施設が引き受け手となり、福岡刑務所から仮釈放となった。刑務官浜田康秀（49）は胸をなで下ろした。「なんとかなった」

斉藤は別の刑務所で服役中に脳の病気で倒れた。医療刑務所に次いで医療が充実している福岡刑務所に移送されたとき、満期まで4カ月に迫っていた。

ほぼ寝たきり。おむつの交換もしてもらわないといけない。なのに「孫正義の親戚だ」とうそぶき、職員の言うことを聞かない。

社会で自活することが難しい高齢者や障害者を受刑中から支援し、出所後の行き先を確保する特別調整のしくみが始まったのは２００９年。帰る場所がなく、罪を繰り返す人が救われてきた。

斉藤も医療や福祉の助けがないと社会で暮らせない。だが高齢、病気、態度が悪い……と幾重にも問題を抱えた人は特別調整の対象にならないことが多い。受け入れる施設は少なく、調整に時間がかかる上に、仲介する都道府県の地域生活定着支援センターは人手不足だからだ。

「刑務所として独自に手当てをするしかなかった」と浜田。刑務所の社会福祉士と協力して行き先を探した。

斉藤のように、特別調整という網からもこぼれる受刑者は少なくない。高齢に加え、精神疾患や覚せい剤中毒、重度の肝炎が合わさる人もいる。「（出所後に）病院や施設に行っても騒いで迷惑を掛ける。理解してもらってなんとか受け入れていただく。すごい手間です」と浜田は言う。

社会資本整備（ＰＦＩ）方式の刑務所も同じ悩みを抱えている。高齢者や障害者の「特化ユニット」がある喜連川《きつれがわ》社会復帰促進センター（栃木県さくら市）。

規律違反ばかりする統合失調症の男がいた。病気を理由に地域定着センターの協力は得られず、引受先が見つからずに満期まで１カ月を切った。

「このまま出せば、また刑務所に戻ってくる」。共同運営する民間企業の社会福祉士、北野沙紀（29）＝仮名＝が動いた。知り合いを通して、引き受けてくれる県外の施設を見つけた。

迎えた出所の日。北野は刑務官とともに男と車に揺られ、施設に送り届けた。満期出所者が塀を出たあと、同行する権限も義務も刑務所にはない。でも、薬を大量に飲んだこともある男だ。「施設にたどり着けるかさえ不安」と特別に車を手配した。

北野は言う。「これぐらいしないと、受け入れてくれる所はないのです」

「面接でいくら説得しても、嫌だっていう人はいます」。１割が高齢者という大分刑務所の幹部は嘆く。特別調整は本人の同意が前提だ。「縛られたくない」と拒めば手出しはできず、何の支援もないままの満期出所となってしまう。

福岡刑務所にいた30代の知的障害の男もそうだった。服役は6回目。社会福祉士が面接を重ねても「出たら自由に暮らしたい」と言った。手を差し伸べても振り払われる。

「何とも言えない、無力感があります」

こんなやり切れない見送りは、浜田にとっても一度や二度ではない。

繰り返さないために――地域との共生

なだらかな斜面に広がる茶畑。水色の作業服の男たちが鍬《くわ》を持ち、耕運機を動かしていた。遠くに背の低いフェンスが見える。

「子どもでも乗り越えて逃げられますよ」。地元農家の佐々木玲慈《れいじ》（55）は指をさして笑った。

島根県浜田市の山あいにある農業団地。作業服の男たちが服役する社会資本整備（ＰＦＩ）方式の刑務所・島根あさひ社会復帰促進センターから10キロほど離れている。

受刑者を塀の外に連れ出す構外作業は珍しい。9ヘクタールの敷地にはニンジンやホウレンソウを育てるビニールハウスもある。受刑者20人が週4回、朝から夕方まで汗を流す。居場所を示すＩ

Cタグを身に着け、刑務官や民間警備員が立ち会う。

佐々木は指導員として農作業を教える。「農業は人づくり。地味だけど忍耐や協力する大切さを感じてもらい、更生のお手伝いになれば」

当初は不安だった。けれど気持ちが通じるようになると受刑者も「普通の人」だった。オレオレ詐欺犯とされる受刑者に「被害に遭わんためにどうしたらいい?」と聞くと、「まず人に相談することですよ」。

雇いたいと思った者もいる。恐ろしい気持ちは薄らぎ「なぜこの人はここにいるのか」と不思議に思うようになった。

受刑者の更生に農業を生かす発想は7年前、小泉純一郎首相（当時）が閣僚懇談会で言及し、注目を集めた。島根あさひで具体化したのは、運営する民間企業と地元農家からの提案が採用されたからだ。

地域との共生——。スローガンに沿う独自の取り組みには「文通プログラム」もある。受刑者と住民が手紙をやりとりする。趣味の話から社会復帰後の不安、家庭の問題……。子や孫ほど年齢差がある受刑者の悩みに、住民たちが思い思いの返事を書く。

「私たちに何かできることはないか、と住民側から出たアイデアです。身寄りがない受刑者もいるだろうと」。センター長の手塚文哉は打ち明ける。開所前、ＰＦＩ刑務所構想の法務省担当者として毎月のように地元を訪れ、住民と話し合いを重ねて始まった。

ＰＦＩ第1号の美祢社会復帰促進センター（山口県）も保育園を併設し、地元の子どもを受け入れている。近所の女性（84）は「最初は怖かったけど、いまは全然。地域になじんでますね」。

刑務所は「迷惑施設」として敬遠される存在だった。受刑者が脱走した広島刑務所のような事件（2012年1月）が起きると地域の不安は増す。住民は受刑者をモンスターのようにみなし、刑務所は保安を重視して扉を閉ざす。

だが、受刑者はいずれ社会に戻ってくる。再犯を防ぐため矯正や職業訓練に地域を巻き込む新しい「刑のかたち」は、矯正の未来像を占う「モデルケース」（手塚）となるかもしれない。

佐々木が手掛ける茶畑の本格的な収穫はまだ先だ。参加する受刑者の数も、まだ限られている。「でも何より大切なことは、新たな犯罪被害者を生まないこと」。受刑者が育てた茶葉を全国に出荷する日を、佐々木は心待ちにしている。

（敬称略）

インタビュー

排除では解決しない

九州大学教授　土井政和さん

福岡市東区の九州大学箱崎キャンパス。古ぼけた研究室は専門書や資料の山であふれ返っている。刑事政策、特に罪を犯した人の処遇について長く考察してきた。刑事司法と福祉が互いに無関心だった日本の現状に疑問を持ち始めたのは36年前、大学院生のころという。

「ドイツ留学から帰国した指導教授が、刑事施設法に関する独語の資料をたくさん持ち帰ってきましてね。読み進めると、向こうの国では、刑務所にいる受刑者の社会復帰に向けて福祉が関わろうという模索を始めていた。日本にはそんな発想はまったくない。立ち遅れていると思い研究テーマにしました。学界でも、ようやく光が当たり始めたころかな」

現実が追いついてきたということだろうか。近年、刑務所を出所した高齢者や知的障害者を支援する福祉団体の取り組みが活発化している。刑事裁判の段階で、福祉団体が弁護士に協力する事例まで出てきた。司法と福祉の連携が進む。

「想定以上です。犯罪者といっても社会に居場所がなく、福祉のネットワークからこぼれ落ちたために刑務所に入らざるを得なかった人が多い。自分たち福祉にも責任があり、引き受けようという発想に変わってきた。ただし、福祉が刑事司法の枠組みに取り込まれないようにしないと」

「例えば刑事裁判で、福祉団体が被告の受け皿になると約束して執行猶予判決を求めることがあります。その際、福祉団体は保護観察を付けるよう求めるんです。施設に迎え入れてトラブルになったら困る。ルールを破れば執行猶予が取り消されるという後ろ盾、威嚇のようなものを持ちたいということですが、福祉が刑事司法の下請け的な役割になってしまわないか。国との距離のとり方が課題です」

罪を犯した人の処遇も変わりつつある。国会で審議中の刑法改正案は実刑の一部期間を猶予する「刑の一部執行猶予」が柱。「例えば懲役3年。うち1年を3年間の保護観察付き執行猶予」といった判決が可能になる。

「確かに、早く出所できる人は増えます。同時に、実刑かどうか迷った末に執行猶予としていたケースが一部執行猶予と判断されれば、受刑者はさらに増えますよね。『刑務所帰り』という社会的なレッテルを貼られる人が増えるわけです」

「服役を終えた人たちの多くは誰も雇ってくれないし、住居を探すのも大変。社会に居場所が見つかりにくい。こうした人が自立的な生活を送れないと、再犯につながり、新たな被害者を生むことにもなりかねない。刑の一部執行猶予は刑事政策的に逆行しています」

「刑務所に受刑者一人収容するのに、人件費や施設費を含めて年間340万円かかるといわれています。そこに予算をかけるよりも、福祉団体にお金を出して、そうした人たちを引き受けられるようにした方が再犯防止にもつながるはずです」

1990年代から続く厳罰化の流れは、社会に根強いと感じている。

「学生と話すと、刑罰を重くすれば犯罪は防止できる、という単純な考え方が多い。そういう理論は実証されていないいんだけど、犯した罪に相応する罰を受けるのは当然だと言う。確かに、行為と結果だけを見たらそうかもしれない」

「でも貧困や家庭環境など犯罪の背景に目を向けないと、ただ社会から排除して刑務所に入れておけばいいということでは再犯はなくならず問題は解決しない。もっと五感を働かせて考えたいですね」

どい・まさかず　1952年、愛媛県生まれ。九州大学大学院法学研究科博士後期課程単位取得退学。専門は刑事政策。研究テーマは更生保護、少年法、行刑など多岐にわたる。著書（共著）は『非拘禁的措置と社会内処遇の課題と展望』、『更生保護制度改革のゆくえ』など多数。日本犯罪社会学会理事。福岡県粕屋郡在住。

（2012年6月23日掲載）

キーワード

官民協働のPFI方式●刑務所内の不祥事を受け、外部の目を導入して職員の意識改革をしつつ過剰収容状態だった受刑者の収容先を広げる狙いで発案。民間の資金やノウハウを活用し経費削減につながるとされる。武器使用や逃走者の確保は国家公務員が、警備や職業訓練、施設の維持管理は民間業者が担う。2007年4月の美祢社会復帰促進センター（山口県美祢市）を皮切りに4カ所開所。独自の矯正プログラムや職業訓練を行っている。厳しい収容者選定の結果、仮釈放率は7〜9割超。一般の刑務所より高い。

減らない女子収容者●刑事施設（刑務所、少年刑務所、拘置所）の女子収容者は、2012年末で5282人で、10年間で1.5倍に増えた。06年末をピークに男子収容者が減少する中、女子は横ばいが続いている。女子施設の定員に対する収容率は、刑が確定した人だけでみると100％を上回っており、国は既存の刑務所に「女区《じょく》」や女子専用の支所を新設するなど対応している。女子施設の職員1人が担当する収容者は4.9人（10年）で、刑事施設全体の平均（3.9人、同年）に比べて負担が大きい。

刑務所の収容区分●受刑者は、年齢や性別、疾患の有無、刑期や犯歴などによって収容される刑務所が分かれる。初犯が多く集められるA級刑務所や、罪を繰り返して犯罪傾向が進み、暴力団などの反社会的集団に所属する人が多く集められるB級刑務所。このほか、病気で治療が必要な人は医療刑務所、26歳未満は少年刑務所に収容される。2012年に刑務所に入った受刑者2万4780人のうち暴力団関係者は2094人（8.4％）。組員の割合は近年減少している。

再発防止の教育●再発防止教育の一環である特別改善指導には、薬物、性犯罪のほか、被害者の視点を取り入れた教育、交通安全指導などのメニューがある。諸外国の実施例を参考に、認知行動療法などに基づくプログラムを法務省が作成。奈良少年刑務所の性犯罪者処遇プログラムの場合、受刑者の犯罪傾向や能力に応じて7～9人の班に分け、6～10カ月間、90分の授業を週2回行う。グループワークは刑務所の教育専門官のほか、非常勤の臨床心理士などが協力してリーダー役を務める。

刑務所と医療●医療刑務所は全国に4施設あり、一般の刑務所では処遇できない精神疾患などの人が入所する。一般刑務所でも常勤医師（矯正医官）が配置されているが、定員割れが続いている。全国の矯正施設（刑務所、少年院など）の常勤医師は2013年4月現在、定員の8割にも満たない260人。1人もいない施設もある。民間よりも報酬が少なく、専門性を生かせない点などが医師不足の要因とされる。法務省の有識者会議は14年1月、地域の病院との掛け持ち勤務を認め、特別手当を創設するなどの待遇改善策を打ち出した。

無期懲役と仮釈放●無期懲役が確定した人は1998年まで年に20~50人だったが、2003~06年は100人を超え、近年は40~80人。刑の執行開始から10年を経過し、罪を悔いる気持ちなどがあれば仮釈放できる。ただ仮釈放者は1975年の105人をピークに減り、93年以降は10人台~1桁にとどまる。2003年以降は刑の執行期間が20年以下で認められた例はなく「事実上の終身刑」との指摘もある。服役中の無期懲役囚は増え続け、12年末は1826人と02年末の1.6倍。

特別調整制度●刑務所や少年院の入所者のうち、帰る場所のない65歳以上もしくは障害のある人が対象。刑務所の社会福祉士などから連絡を受けた保護観察所が対象者を選び、都道府県に原則1カ所ずつある地域生活定着支援センターと連携して出所前に受け入れ先を探す。2009年度からスタートした。13年版犯罪白書によると、12年度の対象者は625人（高齢者305人、知的障害者225人など）。このうち半分以上に当たる353人について、高齢者向け住宅など福祉施設等への受け入れが決まった。

開かれた矯正施設●法務省はPFI刑務所の立ち上げに伴い「国民に理解され、支えられる刑務所」という基本理念を掲げた。受刑者による公園清掃、草刈りを実施する施設もある。島根あさひ社会復帰促進センターは「社会復帰支援コミュニティ」を目指し、交流拠点となるビジターセンターや子育て支援施設を併設。施設内の診療所を地域住民に開放している。取材当時(2012年秋)、民間職員約390人のうち370人が地元採用。地元の農産品が納入され、地域経済の活性化にも一役買っている。

関連記事

更生へ「長崎方式」完成／長崎刑務所　専門家10人支援

高齢や障害のある受刑者の再犯を防ぐため、長崎刑務所（長崎県諫早市）が策定を進めていた独自の「更生教育プログラム」が完成した。社会福祉士など10人の専門家チームが、社会復帰や就労に向けた知識や体力の向上を図り、社会復帰をサポートする。この取り組みに佐賀県内の刑務所も続く構えで、県境を越えて広がる支援の輪が成果を出せるか関係者は注目している。

２０１２年3月21日、長崎刑務所では受刑者の造ったゲートボール場が完成し、記念に高齢・障害受刑者と諫早市ゲートボール協会の交流試合があった。

「よしっ」「惜しい」。プレーしない受刑者からも声が飛ぶ。これまでの運動時間は、散歩かベンチに座って過ごす者が大半だったが、今はゲームに夢中。50代の受刑者は「会話が増えた」と話した。

同刑務所の久保弘之所長は「受刑者が自発的に動くような機会を持たせたかった」と、プログラムにゲートボールを導入した狙いを語る。

同刑務所は11年7月、矯正施設から出所した障害者らの社会復帰を促す長崎県地域生活定着支援センターなど、長崎県内の関係機関と策定協議会を結成しプログラム作りに着手。性犯罪者らへの専門教育は法務省が定めるが、高齢・障害者対象の教育プログラムは全国でも例がなかった。

同年10月から講師5人で受刑者に対し、出所後に必要な基礎知識の講話を始めたが、反応は乏しかった。積極性に欠ける高齢・障害者が多く、就労に必要な会話力を養う機会も少ない。このため、「コミュニケーション力の向上が必要」と判断、対話や発声の機会も設けることにした。

講師陣は10人に増強。出所後の生活に備える目的で、出所者を一時的に受け入れ福祉施設につなぐ更生保護施設「雲仙・虹」（長崎県雲仙市）を服役中に見学させる試みも2月から始めた。

受刑者の社会性を育むことに主眼を置き、8カ月にわたる試行錯誤を重ねたプログラムは今月で完成。既に実施に移している。メニューは社会福祉士ら9人が輪番で担当する週1回の講話、週1回のゲートボール、雲仙・虹の見学、窃盗防止教育の実施を盛り込んだ。

法務省などによると、10年の全受刑者に占める65歳以上の割合は7.8％。65歳以上の満期出所者で5年以内に再び服役する率は7割前後で、知的障害が疑われる知能指数70未満の人は受刑者の2割ほど。高齢・障害者の再犯防止は大きな課題だ。

09年に設置が始まった地域生活定着支援センターは、3月に新潟県に開所され全都道府県に行きわたった。ただ、刑務所との連携は各地でばらつきが大きい。全国地域生活定着支援センター協議会は「長崎刑務所の先進性は抜きんでている。各センターに連携状況を通知したい」と語る。

刑務所側では取り組みの輪が広がる。12年3月21日に長崎刑務所であった策定協議会には佐賀県内の佐賀少年、麓《ふもと》の両刑務所担当者が参加。長崎刑務所を参考に、独自のプログラムを模索する佐世保刑務所の担当者も顔をそろえた。

龍谷大学教授の浜井浩一（犯罪学）は「受刑者を社会復帰させる意識は依然、関係機関で共有されておらず、今後もさまざまな問題が表面化してくるだろう。それを解決し手法を共有することが支援の拡大につながる。九州、全国へと広げることが大事だ」と話す。

（2012年3月28日付朝刊より）

第**3**章

少年院のいま

学びの場　模索の日々

世の中を映す「全寮制学校」

毎朝、グラウンドに少年たちが整列する。朝礼台に教官が立つ。「おはようございます」。周囲には、少年たちが寝起きする寮が並ぶ。食事などに使う共用スペースにはテレビがあり、大河ドラマが人気という。「全寮制の学校みたいでしょう」と教官。ある少年院の光景である。

少年院では、集団生活をしながら教科の授業や生活指導を受けるほか、職業補導が行われている。自動車整備や介護サービス、パソコン実習などメニューは施設によってさまざま。犯罪被害者の家族を呼び、講演会を開くこともある。いずれも、処罰より教育による更生を目指す少年法の理念に沿うものだ。

少年院の収容者は年々減る一方、知的障害や情緒が未成熟な少年たちの数は増えており、社会福祉士など福祉の専門家を常駐させる施設が目立ち始めた。それに伴い、教官たちの負担も増えている。

親から虐待を受けて育った少年、出会い系サイトで知り合った男に薬漬けにされた少女、発達障害が疑われる子……。非行少年の姿は私たち社会の「今」を映し出す。彼ら彼女たちと向き合う少年院も試行錯誤のさなかにある。

（新聞掲載＝2012年11月6～11日）

集団生活の場・少年院

ポンきち：少年院って刑務所の子ども版なの？

記者：全く違うんだよ。少年院は少年の立ち直りに向けた教育を中心に行い、刑務作業といった刑罰を与える刑務所とは趣旨が異なる。おおむね12歳から20歳までの罪を犯した少年が対象なんだ。

ポンきち：悪いことをしたのに罰を与えないの？

記者：少年法の基本理念によるものなんだ。少年は心と体が未熟な成長過程にあるということで、処罰よりも教育で更生が見込めれば、そちらを選ぶことになっているんだ。

ポンきち：どうやって更生を目指すの？

記者：少年院では24時間、集団生活を送る。矯正の場だから、原則私語は禁止だよ。朝は6時台に起きて夜9時には就寝。勉強はもちろんするけれど、過去を見つめ直す時間があるのが特徴だね。寮ごとに法務教官という担任の先生がいて、面接や日記のやりとりを日々続ける。家庭環境や交友関係を振り返り、当時の行動を分析することで、どこで道を誤ったのかに気付かせる。善悪の判断基準など人格形成につなげるんだ。

ポンきち：どれくらいの少年が入るの？

記者：年々入る人は減っていて、２０１２年は全国で３４８６人。このうち男子は３１５７人、女子が３２９人だった。同じ年に罪を犯して家庭裁判所に送致された少年は13万２１４２人いたから、このわずか2.6%になるね。つまり、非行や犯罪に手を染めればすぐに少年院に行くわけじゃないんだ。少年院送致は、家庭裁判所の審判で決定される「保護処分」の中で最も重い。罪を犯した少年の一部は家裁での審判に先立って少年鑑別所に入り、非行に至った原因や家庭環境などを調査されることになっている。

ポンきち：少年院は全国に幾つあるの？

記者：52カ所あって、そのうち女子施設は9カ所。年齢や心身の状況、犯罪傾向の進み具合で初等、中等、特別、医療の4種類に分かれているよ。収容する期間も原則4カ月から2年と少年によって違うんだ。

ポンきち：どうやったら卒業できるの？

記者：卒業は出院とか退院とか言うんだけど、少年ごとに4段階の目標が設定されて全て達成すれば可能だ。努力を促すために、みんな段階ごとに違う色のバッジを着けているんだ。毎月、進級式がある。けんかをしたり、教官の指導を聞かなかったり、問題を起こせばその分、出るのは遅れるね。少年同士が連絡先を交換することは禁じられているよ。

ポンきち：入院中に義務教育期間を終えたらどうなるの？

記者：少年院で卒業証書の授与式が行われる。通っていた学校の校長先生が証書を手渡しに来ることもあるよ。成人式もあるんだ。職員は幹部を除いて男子少年院は男性の教官、女子少年院は女性の教官が多いね。

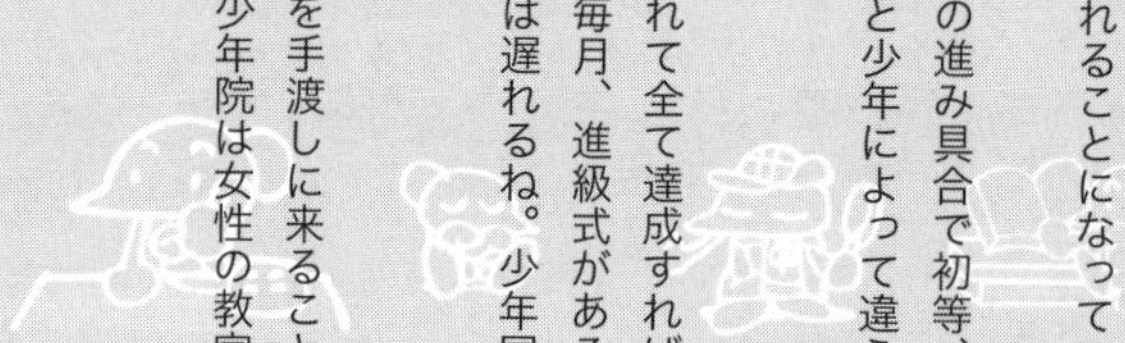

認められ味わう達成感——介護育児教育

——秋の夕日に　照る山紅葉《もみじ》♪

福岡市の特別養護老人ホーム。手拍子に合わせて口ずさむ車椅子のお年寄りたちのそばに、あどけなさの残るエプロン姿の少年がいた。福岡少年院（福岡市南区）の院生だ。

腰を低くし、顔を見て一緒に歌う。お茶をスプーンですくって口に運んであげる。「礼儀正しい
し一生懸命。職員にも見習え、と言っているぐらいですよ」。施設長は笑った。

約140人を収容する全国四大少年院の一つ、福岡少年院には「職業補導」の一つとして介護サービス科がある。130時間の講義・実習を受ければホームヘルパー2級の資格が取れる。院外での実習は4日間。食事や入浴の介助などをする。少年院の法務教官は私服で付き添う。

ユキヒロ（18）＝仮名＝は当初講義についていけなかった。「朝起きるのもつらかった」。教科書は4冊。用語が難しく、寮に戻っては辞書を開いた。

勉強なんてしたことがなかった。高校1年で中退。仲間と自動販売機を壊して金を盗み、バイクで暴走した。少年院入りが決まり「人生終わったと絶望した」。いまは「あのとき捕まらなかったら、落ちるところまで落ちていた」と思う。

お年寄りの介護は教科書通りにいかない。ドライヤーで髪を乾かすとき「動かないで」と言っても動かれる。無視されることもある。根気よく話し掛けると「あんたが言うならそうする」。ユキヒロは考えた。「相手がどう思っているのか、気付くことが大事みたい」

「では赤ちゃんを沐浴《もくよく》させましょうね」。法務教官の諸石由美子（62）が言うと、少年たちは人形を抱き、首を支えて洗い始めた。

福岡少年院が1999年から続ける育児福祉実践教室だ。狙いは命の大切さを学ばせること。「酒鬼薔薇《さかきばら》」を名乗る14歳の少年が逮捕された97年の神戸市連続児童殺傷事件が念頭にあった。「弱い人の立場を考えてほしい」と諸石。週1回、妊娠中のおなかの重さを体験できるジャケットを着て階段を上り下りし、おむつ交換も学ぶ。

教官歴28年の諸石に、最近の少年は幼く映る。「子どもを持つと夫婦は別れないってほんと？」「親権って父と母どっちが持ちやすいの？」。答えづらい質問も飛ぶ。「自分の家庭と重ね合わせる子が多い。命の大切さだけでなく、生き方を考えるきっかけになればいい」と諸石は話す。

少年院の窓ガラスを割って暴れる少年がいる。出院後、再び非行に走る者もいる。ヘルパーの資格を取っても職に就ける保証はない。取り組みが非行少年すべての心に響くとは限らない。

それでもあきらめないのは、立ち直る少年も確かにいるから。少年院は、刑務作業を軸に据える刑務所とは異なり「矯正教育を授ける施設」（少年院法1条）。全寮制の学校に例えられる。達成感を味わう学びの場は大切だと、ベテラン教官は言う。「少年たちは怒られることに慣れている。認めてもらい頑張る気持ちをどう育むか」

訪問介護実習で、ユキヒロは86歳の女性から窓拭きを頼まれた。「男の人は背が高いからありがたいわ」と感謝された。戦争の話を聞かされた。

帰り際に「また来てね」と声を掛けられた。自分が少年院生で、もう来ることはないとは明かせない。「また来ます」と無理に笑顔をつくった。

「苦しかった。もう1回、おばあちゃんの手伝いがしたい」

無事に資格を取り、院から表彰されたユキヒロ。この秋、家族の待つ家に戻った。少しだけ、胸を張って。

治療と指導――できることを少しずつ

言葉が思うように出てこない。知的障害があるユウキ（18）＝仮名＝は頭が真っ白になり、顔を手で覆った。法務教官（35）が助け舟を出した。「1回、パスしよう」

5分後。再びユウキの番が回ってきた。声を絞り出す。「シンナーやろうよ」。「体に悪いよ」と相手の少年。「よく言えたねえ」。教官の笑顔にユウキの顔も緩んだ。

知的障害や発達の遅れなどがある少年に専門の教育をする中津少年学院（大分県中津市）の授業だ。「急に言われたら考えがまとまらない」。ユウキは戸惑う。知的障害がある子は、言葉で表現することや対人関係を築くのが苦手な子が多い。この授業は、表現力を高め、悪い誘いも断れるようにする狙いがある。9人は誘う側と誘われる側に分かれて演じ、対応を学んだ。

教官はユウキの変化を感じた。「以前なら、イライラして声を出していた場面。自分で気持ちを落ち着けてやりきった」

窃盗などで入院したユウキ。号令を出す係で声が出ずに泣き、何事も悪い方に考える癖があった。日々の出来事を日誌に書き、相手や自分の気持ちを理解する練習も重ねている。

衝動を抑えきれない少年が大声でわめき、ガラス片を手に襲いかかってくる。布団で身を守りながら何人もの職員がなだめる。けが人も出る。「半年で2、3件は起きます」。精神や体に病気や障害のある少年が集まる医療少年院の精神科医は言う。

「眠れる？　食べられる？」。入院したばかりの子の診察で、医師はこう語りかける。心を閉ざして、しゃべれない子、しゃべらない子も少なくない。「まずは少年院が安心できる場所になるように」との思いからだ。

京都医療少年院（京都市）では、集団で少年をみる一般の少年院とは異なり、マンツーマンで指導する。「ここ数年で精神疾患の子が増えた。教官2、3人が付きっきりになることもある」と次長の妙圓《みょうえん》 薗史《ぞのふびと》は言う。

主治医を決めて、信頼して治療を受けさせるのが最優先だ。週3回の補習時間はカウンセリングもする。

居室で食べて寝るだけ。風呂も入らず、歯も磨かず、異臭を放つ。いわゆる、引きこもり。「全国の少年院に数例ある」と関係者は口にする。「何に興味があって動くのか。会話で探るしかない」。現場の奮闘は続く。

中津は、入院して間もない少年のしつけに苦労する。ベッドの上で歯磨き。ボタンを留めたシャツをかぶって着る。「歯磨きは洗面所で。ボタンは外して」。教官は、まるで幼児の親のようだ。返ってくるのは「意味わかんねぇーし」。

「粘り強く、待つのが仕事。根気です」。院長の白井健二は言う。

「中学でいじめられ、やり返すようになった」。知的障害があるコウジ（20）＝仮名＝は振り返る。障害があるから非行に走るわけではない。でも、障害や特性を周囲に理解されず、強がったり、孤立したりして道を外れた子は珍しくない。相手の目を見て話すことができずにいたコウジは、いま仲間にプリントを配り、号令を掛ける係をこなす。

「少しずつ、成長がある」。教官たちの実感だ。

親子の絆——心をとかして再構築

「どれだけ迷惑を掛けたか、分かってるの?」

せきを切ったように、母親はカツヤを責め始めた。福岡少年院(福岡市南区)の面会室。入院して10カ月。初めての親子の対面だった。法務教官の加藤信行(55)=仮名=は母親の言葉を遮り、カツヤ=仮名=に促した。「聞きたいことを、聞いたら」

カツヤは口を開いた。

「……見捨てられたと思った。何で、面会に来てくれんかった?」

カツヤは父親から、しつけと称する暴力を振るわれて育った。家出を繰り返し、有名なワルになり少年院へ。何度か母に手紙を書いたが、なしのつぶて。他の院生には月1回程度ある保護者の面会も、カツヤには誰も訪ねてこない。

出院の日が近づき、その準備のために加藤が指導する寮に移った。加藤はカツヤと語り合った。「許せる、許せないはあるかもしれない。だけど、親がいないと自分もいないんだよ」。両親を真っ向から否定するカツヤの心をとかしたいと加藤は思った。

夏の日。院の強い働き掛けもあって、母親は姿を見せた。会いたくないとごねるカツヤを説き伏せて、引き合わせたのだった。

面談の終盤。母親はこう言った。「行きたくても、行けんかった……。会えて、よかった」

カツヤも短く答えた。「迷惑を掛けたことは、分かってる。ごめん」

「私たちと二人三脚で、お子さんの成長を支えてください」。福岡少年院の院長日下部《くさかべ》隆は保護者会で、入院間もない少年たちの親に呼び掛けた。「二人三脚」を強調して——。

福岡に限らず教官は、保護者と関係を築くのが難しくなったと嘆く。院からの電話に出ない。郵便物を送っても無反応。注意をすると「何の権限があって、そんなこと言うんか。おまえ、何様か」と切れる親もいる。

「最近、親が子どもっぽい」とはベテラン教官の評。面会に来ても「楽しくやってる?」と世間話。「長期のキャンプに預けてるんじゃないんだぞ」。叱り飛ばしたくなることもあるという。

成長の過程にある少年の立ち直りに、親の力は欠かせない。少年院法は2007年の改正で「院長は保護者への指導や助言ができる」との文言が付け加えられた。

福岡では親への連絡帳「Ｃｏｍ《コム》」で、院での日々が分かるよう教育や生活を伝え、成長ぶりも記録する。遠方の子も多くいる中津少年学院（大分県中津市）は今月、沖縄で初めての出張保護者会を開く。それぞれの少年院は折に触れ、子どもとの絆を再構築するよう親を諭している。

養育してくれる親がいない子もいる。ある少年院は、虐待や貧困、離婚などにより、児童養護施設などで育てられた少年が半数を占める。

カツヤは院を巣立った。面談のあと母に2度便りをしたが、やはり返信はなかった。いまは施設で暮らす。「もっと、いろんな働き掛けができれば……」。加藤は悔やみつつ、カツヤを案じる。家族のかたち、親子の関係はさまざまだ。福岡少年院の平均在院期間は10・5カ月。少年の矯正と、併せて親への教育。限界はあるが「できるだけのことをしたい」と加藤は言う。

加害と被害——転んでも立ち上がる

覚せい剤を覚えたのは中学3年の冬だった。家出したカナ＝仮名＝は福岡市・中洲のネオン街に立っていた。ナンパしてきた客引きの男の家に転がり込むと、その夜、薬を勧められた。「それから、手放せなくなりました」

居候した数カ月。日に何度も注射を打った。眠れない。体重は30キロ台に落ちた。ホストクラブの遊びを覚え、男に内緒で性風俗店で働きだした。

いじめを受けて小学校のほとんどを不登校で過ごした。中学には1カ月だけ通った。「ヤンキーにあこがれて……」。極細の眉毛にジャージで夜の街を出歩いた。

携帯電話の出会い系サイトにはまったのは、そのころだ。素性を知らないイケメンと毎日ドライブ。「みんなより先に、大人に近づく優越感があった」。心配する両親とは口を利かなかった。駅のトイレで夜を明かしたこともある。

援助交際の相手には会社の社長もいた。サイトで出会った数百人の男の携帯番号を「金、ご飯、寝床、足」の四つに分類した。

卒業式も出ていない。友だちから「母ちゃん、来てたよ」とメールで知らされた。高校に進まず大阪・ミナミの風俗店へ。月に350万円稼いでいた15歳の秋、警察に捕まった。飲んだ明け方の職務質問。バッグに注射器を忍ばせていた。

家を出て1年ほどたっていた。罪を犯す可能性の高い虞犯《ぐはん》少女として、九州唯一の女子施設、筑紫少女苑（福岡市東区）に収容された。

「少女が薬物を始めるには、決まって男の存在がある」。筑紫少女苑の法務教官藤原尚子（38）は指摘する。

「女子は加害者である一方、被害者の側面も強い」とは、ある医療少年院の精神科医の実感だ。

女子施設に、カナのような子は珍しくない。

おじから性行為を強要された少女がいた。恋人の子を身ごもった直後に別れ、次に付き合ったのは覚せい剤の売人をするヤクザだった。

少女は、傷害や窃盗事件を起こした記憶を失っていた。薬物と恋人への依存、それに虐待された悲しみが重なり合って精神を病んでいた。

「愛情に飢えた子、すぐに甘える子が多い」。多くの少女に接してきた藤原はしみじみ思う。

カナはいま22歳。少女苑を出て5年たった。実は退院半年後に再び家を出て、ホストクラブに通った。出産も経験した。

昨年の夏、恋に落ち、今年結婚した。子どもも授かった。「何でも一番に俺に相談しろ」と言ってくれる夫といると、幸せを感じる。「立ち直ったのは、旦那と出会ってからです」

もう一つ。少女苑で剣道が得意な苑長先生がいつも言っていた話。

「人生は七転び八起きやからね。頑張れ、頑張れるやろ。転んでも、転んでも、立ち上がれるんよ」

担任の教官に「あなたは恵まれているのよ」とたびたび諭されたことも思い出す。毎月面会に来てくれた両親。誕生日にカードを送ってくれた家族。「大人を信用していなかった」。いま、ようやく分かる。支えられていることを。

「でも、誰にも『ありがとう』は言えていないです。照れくさくて……」。取材の終わりに、カナははにかんだ。

帰る場所——福祉の助けも借りて

また、断られた。

京都医療少年院（京都府宇治市）の精神保健福祉士今井真美（49）は、ヒロシ＝仮名＝の引受先を探していた。親は拒否。九州にも足を延ばして作業所やグループホームを訪ね、電話もかけたが駄目だった。法務教官の枡井督也（38）にヒロシはつぶやいた。「切ないっすね」。枡井は胸が締め付けられた。

ヒロシは、知能は高いものの対人関係がうまく築けないなどの特性がある広汎性発達障害と診断されていた。強制わいせつなどで14歳のときに入院。当初は「自分は神だ」と言い張ったが、前向きに取り組み順調に進級した。寮のリーダーとして、なじめない子の相談にも乗った。母親は面会には来ていたものの「怖いし、家では無理です」と繰り返した。

子どもを保護する観点から、少年院は刑務所と異なり、収容期間を終えても引受先などが決まらないと出られない。障害や病気がある子には福祉との連携も必要だとして、２００９年から一部の少年院に今井のような福祉職が配置されるようになった。

今井の苦労のかいあって、ある施設が引き受けてくれたとき、ヒロシは18歳になっていた。収容期間は1年の予定だったが、行き先がないというだけで4年もかかった。

少年を受け入れる更生保護施設は全国に数カ所しかない上に、健康で働けることなどの条件があり、病気や障害の子には難しい。

別の少年院では、軽度知的障害の子が14歳から17歳まで入院した。家庭は崩壊。非行内容が性犯罪だったため施設も嫌がった。社会福祉士は、少年に未成年後見人をつけて一人暮らしができるようにし、ようやく出院にこぎ着けた。「社会に帰れないのは、彼の責任だろうか」。この社会福祉士は問い掛ける。

「お母さん抜きに、息子さんの今後は考えられないのよ」。中津少年学院（大分県中津市）の社会福祉士山里洋子（66）＝仮名＝は電話口で優しく話し始めた。相手は知的障害などがあるサトシ＝仮名＝の母親。電話をかけても出ないため、かかってきた機会を逃さなかった。

家を訪ねると、足が不自由で家事もできない母親は閉じこもっていた。「体がしんどいとき、手帳があればヘルパーさんが来てくれるわよ」。山里は母親に、精神保健福祉手帳を取得する手続きを教えた。福祉の助けを受けたことで、サトシは家に帰ることができた。

「少年の再犯防止のためには、孤立する親にも手を差し伸べないといけない」と山里は言う。

元法務教官の男性が大切にするはがきがある。昭和48（1973）年の消印。少年院を出た摂食障害の子が「先生にもう一度会える日が来ると良いのですが」とつづっていた。少年はその後、関係がうまくいかない家族のもとで命を絶った。

同じ経験をもつ医療少年院の医師も痛感する。「受け入れ態勢さえ、整っていたなら……」

京都医療少年院は、少年たちが院を出た後に関わる医療や福祉、保護観察などの人たちを集め、出院後の生活を検討する会議を重ねている。少年が社会に戻っても様子を確かめる会はあり、今井も出向く。「少年はもがいている。私たちも、もがかなければ」

二つの顔――ともに成長していく

「先生、話を聴いてください」

3年前、福岡少年院の法務教官になった大迫政範（30）は、面接を希望する少年が多いことに驚いた。以前、臨時教員をしていた高校では、教師はどちらかというと煙たがられていたからだ。

二人きりになると少年たちはよくしゃべる。出院後の不安、家族との関係、不良仲間との距離感……。1時間なんてあっという間に過ぎる。

「目標を持てば魅力的な人間になれるぞ」。言葉を掛けながら、大迫は一緒に考え込む。

「個別面接こそ法務教官の仕事」。福岡少年院次長、服部達也は言う。

大迫の場合、英語と体育の教科を受け持ちながら、主に中学生が暮らす寮の担任を同僚4人と務める。朝食から就寝まで指導し、折に触れて少年の悩みを聴く。5日に1回の宿直明けは非番となるが、すぐに帰宅できる日はまれだ。

「ここまでやるのか」。少年院に勤務する前に刑務所で17年働いた教官の坂本忠義（55）＝仮名＝は、工場担当、教育担当といった役割分担が明確な刑務所との違いに戸惑った。「刑務所はドライで大人の付き合いという感じ。少年院は一対一のつながりがぐっと深い」

家庭環境に恵まれず、十分な愛情を受けずに育った子が多い。「父親的な存在になれれば」と坂本。指導に熱が入る。

刑務所の刑務官と同様に公安職に位置づけられながら、教育者としての顔も持つ法務教官。その目的をはき違えた姿が2009年春、一人の少年の告発によって明らかになった。広島少年院暴行事件である。

「うそをつくなら舌を切る」とはさみで舌を挟む。「生きててもしょうがないだろう」と洗剤容器を口に押し付ける――。少年への暴行・虐待が常態化していたことが発覚し、教官5人が逮捕された。先進的な矯正教育の実践者として注目された処遇部門のトップも含まれていた。

「少年と丁寧に向き合うよりも、抑えつける方が楽。次第に、自分たちに実力があるから少年が従うんだと勘違いしてしまった」。事件後、広島少年院の院長を務めた日下部隆（現・福岡少年院院長）は振り返る。

「先生、来たよ」。福岡少年院にこの夏、元院生が妻子を連れて訪ねてきた。教官たちは再会を喜んだ。こうしたことは珍しい。学校の教師には同窓会もあるが、法務教官は社会に出た〝教え子〟とは関われない。成果は見えにくい。

教官を品定めし、態度を変える少年がいる。面接で涙を流しても、翌日また規律違反をする少年もいる。「裏切られるとしんどい。この仕事、長くもつかなと思う」。大迫はため息をつく。

教官に殴り掛かり、窓ガラスを割って暴れた少年がいた。大迫は面接を重ね、一緒にキャッチボールもした。「この子は社会に出てから大丈夫だろうか」。不安を抱えて送り出した。

最近、その少年が再犯せずに保護観察期間を終えたと連絡が入った。

大迫は泣いた。「頑張る子がいるから、自分も頑張れるんですね」

少年が巣立つ日まで、教官も共に成長していく。

（敬称略）

インタビュー

元不良少年 42年目の思い

福岡県就労支援事業者機構事務局長 北崎秀男さん

「保護司手帳」の1ページ目を見せてくれた。《保護司信条――過ちに陥った人たちの更生に尽くします……》とある。刑務所や少年院を出た人を見守る保護観察官や、仮釈放の是非を決める地方更生保護委員を務め、退職後は保護司の傍ら罪を犯した人の就労支援を続ける。この道42年目、誰もが認める更生保護のプロだが、実は――。

「不良少年だったんです。マンボズボンをはいてね。けんかばかりして警察のお世話になり『次は保護観察だぞ』と言われた。高校3年のとき、他校の生徒と決闘しようと約束の場所に行ったらパトカーがいた。担任の先生が『北崎、もうええやろ』と。荒れたのはそれが最後」

「高校卒業後、九大病院に就職しました。たまたま官舎の隣人が保護観察所の職員。話を聴いているうちに、私と同じような少年たちの役に立てないかな、と。昔の自分に会いたいような気持ちもあって26歳で保護観察所に移りました」

4年目に念願の保護観察官となる。

「当時は学校が荒れていた。元気な少年が多くて『うるさい！ なんで分からんとね』と机を蹴るのもいた。面接は、けんかみたいでしたね」

「万引を繰り返す中学3年の少女がいた。気が強くて学校も手を焼いていたけど、純粋な面もあって。『高校に進学したい』と。家庭教師をしていた女性に保護司をお願いしました。いろんな人が自分のことを心配して関わってくれている、と伝わったんだろうね。真面目に勉強するようになって、何と高校に合格できたんです」


更生保護の現場は変わりつつある。仮釈放者による再犯事件が相次ぎ、保護観察対象者への監視の目を強める施策が近年導入された。

「例えば、対象者との約束事である遵守事項に『禁酒』があるとする。一杯でも飲んだら違反。だけど昔なら、生活が乱れない限り、もう少し見守る空気があった」

「怖いのは、決まりを守っていても、本当に立ち直っているか、内面の見極めは難しいということ。結局、人間同士の信頼関係をつくれるかどうか。昔も今も、この仕事の永遠の課題ですね」


大阪の通り魔事件（2012年6月10日）で逮捕された容疑者は刑務所を出たばかり。「仕事もなく、自殺を思い立ったが死にきれなかった」と供述しているという。

「罪を犯した人、非行少年は、社会と関わることによって初めて自分の居場所ができる。その一つが職場です。取り組んでいる就労支援事業は、刑務所や少年院にいるときから職探しを手伝い、雇用主を連れて行って面接し、社会に出た後も見守るしくみです」

「最近の少年は殻にこもっているというか。会話が成立しない。昨年の夏、少年院で会った少年は『こんにちは』とあいさつしても返答がなく、目を合わせようともしなかった。困りました」

「ただ何度か顔を合わせるうちに、『どんな仕事があるの』と人懐っこい表情を見せるようになりました。今は真面目に働いています」

58歳、熊本保護観察所長のとき。顔なじみになったタクシー運転手の男性から「保護観察のおかげで立ち直れました」と打ち明けられた。

「運転席から免許証を手渡すんです。裏に家族の写真が貼ってある。みんないい笑顔でね。彼は私と同い年、しかも元不良少年。自分のこれまでと重なってしまって……」

きたざき・ひでお　1944年生まれ。長崎、熊本両保護観察所長、九州地方更生保護委員会委員などを歴任。退職後の2010年4月からNPO法人福岡県就労支援事業者機構事務局長。11年春以来、元受刑者や少年121人中57人の就職先を見つけ、高齢者など20人を福祉施設などにつないだ。福岡県の委託を受け、少年就労体験事業も行う。福岡県福岡市在住。

（2012年6月21日掲載）

キーワード

少年院の職業補導●少年院生は矯正教育の一環として、生活指導や教科教育と並び職業補導を受ける。福岡少年院の場合、介護サービス科のほか自動車整備科、溶接科、パソコン事務科、クリーニング科、農園芸科の計六つ。希望や適性を踏まえて配属が決まる。介護サービス科は6カ月かけて10～15人ずつが受講。実習は施設介護と訪問介護がある。お年寄りに少年院生であることは説明しない。専用の教室には介護用のベッドと浴槽も備える。介護の仕事に就くために希望する者は多いという。

特殊教育課程●知的障害や情緒が未成熟な少年に専門的に対応する特殊教育課程がある少年院は、中津少年学院（大分県）を含めて全国に3施設。少年院収容者はこの20年では2000年をピークに減少・横ばい傾向だが、特殊教育課程の少年の割合は全収容者の2.2%（00年）から10年は3.0%に増えた。3施設の収容率は高く、法務省は12年4月から帯広少年院でもこうした少年の受け入れを始めた。中津少年学院に入院する少年は、知的障害や精神遅滞が4割強、広汎性発達障害や自閉症が2割――など。

少年たちの家庭環境●少年院に入った少年の家庭環境をみると、実父母がそろっている子の割合は2000年は50・8％（男子51・7％、女子43・0％）だったのに対し、12年は32・6％（男子33・3％、女子25％）と年々下がっている。父がおらず実母のみの割合も増え続けており、12年は男子が40・5％、女子は45・2％（犯罪白書より）。

非行内容の特徴●2012年に少年院に入った少年の非行内容は、男子は窃盗が35・3％、傷害・暴行（傷害致死を含む）23・8％、暴走行為などの道交法違反が7.9％。女子は傷害・暴行が26・4％、覚せい剤取締法違反が18・5％、窃盗が17・8％。家出や薬物、売春などの問題行動があり今後犯罪に関わる可能性が高いとみられる虞犯《ぐはん》が13％。年齢を重ねると男女とも傷害・暴行の割合は減る。女子の18歳以上では覚せい剤取締法違反が36・7％と圧倒的に多い（犯罪白書より）。

少年院の福祉職●2009年7月から京都医療少年院と関東医療少年院に精神保健福祉士が、特殊教育課程のある中津少年学院、宮川医療少年院（三重県）、神奈川医療少年院に社会福祉士が配置された。11年からは榛名《はるな》女子学園（群馬県）と帯広少年院にも社会福祉士を配置。法務省は他の施設にも広げる方針だ。09年から福祉職を導入した大人の刑務所には一部に常勤の社会福祉士もいるが、少年院はいずれも非常勤。雇用は1年契約で就労時間も週単位で制限があり、改善を求める声もある。

広島少年院事件と法改正●法務教官5人が数十人の院生に暴行と虐待を繰り返し、職場ぐるみで黙認していた事件。2009年に発覚した。5人は特別公務員暴行陵虐《りょうぎゃく》罪に問われ、有罪が確定した。国は12年、第三者機関によるチェック制度の新設を柱にした少年院法改正案を閣議決定した。少年への身体検査や手錠使用の要件、処遇に不服があれば少年が法務相に救済を申し入れられることを明記している。全面見直しは1949年の施行後初めてとなる。

関連記事

非行少年就業に〝伴走〟型支援／北九州市

北九州市は２０１４年度から、非行歴のある少年の生活習慣の改善や基礎学力の向上、資格取得などを後押しし、その上で就業してもらう新事業に乗り出す。立ち直りを期す少年のために、就業先を紹介するにとどまらず、継続して就業してもらおうと、技能や技術を習得する段階から支援する「伴走型」なのが特長。法務省によると、こうした特長の少年の更生支援事業は全国の自治体で初めて。北九州市では暴力団によるとみられる凶悪事件が続発。新事業は、少年の再犯を防ぐだけでなく、生活手段を失い、組員になる少年を減らす狙いがある。

計画によると、非行少年にありがちな「夜型」の生活パターンを改めさせるため「少年自然の家」など市の宿泊施設で合宿を実施。市が紹介する農作業や森林間伐などのボランティア活動を通じて、コミュニケーション能力の育成を図る。

さらに漢字や計算ドリルによる基礎学力習得のほか、パワーショベルの運転資格など免許取得も支援する方針。就業先は、犯罪歴のある人を雇い、更生を支援する「協力雇用主」などの協力を得て確保する。

支援対象は逮捕や補導歴がある少年で、警察や保護司会から推薦してもらう。少年のペースに合わせ、複数年にまたがって取り組んでいくケースも想定している。市は事業内容の詳細を詰め、14年度予算案に必要経費を盛り込み、2月議会で可決されれば、6月から年間20人に実施する。

法務省によると、2002〜11年の保護観察対象者（国が指導監督などを行う少年院仮退院者ら）の平均再犯率は、無職者が36・3％なのに対し、有職者は7.4％と低い。このため少年院などはハローワークと協力して就業先などを紹介するなどしているが、離職者が少なくないことが課題となっている。同省社会復帰支援室は「北九州市の事業はステップを踏みながら支えていくことで、成果が期待できる」としている。

非行少年の立ち直りを後押しする弁護士知名健太郎定信（福岡県）の話。今回の「伴走型」の支援は、非行少年の就業に当たって必要性が指摘されてきたものだ。ただ、合宿などのメニューをただ形式的にこなすだけでは効果は見込めない。重要なポイントは少年の更生にどんな人物が関わるか。少年が立ち直るきっかけをつかむには、愛情と人間味あふれる指導者に出会えるかどうか。鍵は大人が握っている。

（2014年1月4日付朝刊より）

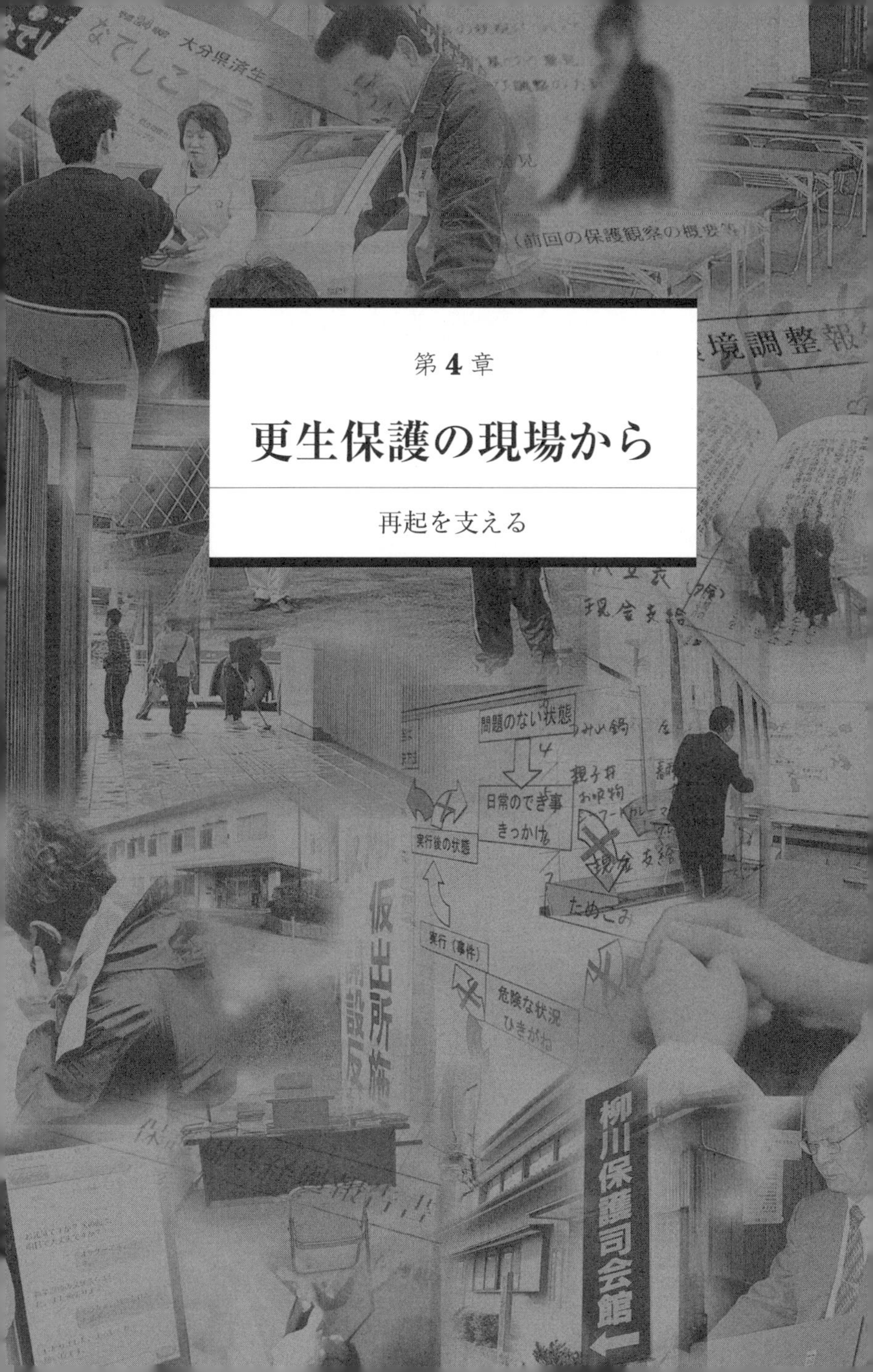

第**4**章

更生保護の現場から

再起を支える

出所後　どう見守るか

事業に失敗し、借金をつくった。職を転々とし、死のうと木に縄をかけたこともある。やけになって果物ナイフを持って金融機関に入り取り押さえられた――。

数年間の服役を経て仮釈放された50代の男性は人生を立て直そうとしている。勤めた会社では雇用主のやり方になじめず「元受刑者だから我慢しなきゃならんのか」と唇をかんだ。家族への申し訳なさ、ぬぐえぬ疎外感。それでも男性の気持ちは切れてはいない。「出所してから本当の償いが始まると思っています」

厳罰化が叫ばれて久しい。事件が起きると社会は憤る。罪を犯した人は裁かれ、刑に服する。被告の「その後」に関心が寄せられることは少ないが、立ち直ろうともがく人たちはいる。それを支援する活動が更生保護だ。ボランティアの保護司らが中心となり、出所後の生活を見守ってきた。ただ、都市化に伴い地域社会の「ご近所さん」のつながりは薄れ、高齢化する保護司のなり手は不足している。出所者への監視の目を強める施策が次々と導入されているが、社会防衛の視点が先行することに疑問の声も。出所者をどう迎え入れるのか、それは私たち地域の問題である。

（新聞掲載＝２０１２年4月17～26日）

更生保護を担う人たち

記者：「更生保護」って言葉を聞いたことある？

ポンきち：知らなーい。何だろう？

記者：罪を犯した人や非行に走った少年たちは裁判や審判を経て刑務所や少年院に入っても、いずれ社会に戻ってくるよね。そういった社会で再出発しようとする人たちの立ち直りを支援して、再び犯罪や非行に陥るのを防ぐしくみだよ。

ポンきち：罪を犯したのだから、自分で頑張らなくちゃいけないんじゃない？

記者：確かに一度犯した罪は消えないし、その人が背負っていかなければいけないことだよね。でも、「ムショ帰り」などとレッテルを貼られて、周囲から疎まれることも多い。就職できずにお金がなくなったり、住む場所が見つからなかったりすることで、再び犯罪に走れば社会にとっても良くないよね。再犯を食い止めることにもつながるんだ。

ポンきち：支援ってどんなことをするの？

記者：まずは「保護観察」という制度を知ってほしい。罪を犯した人や非行少年が実社会で更生するように、国の責任で指導監督することなんだ。少年院を仮退院した少年や刑務所から仮釈放された人、裁判で保護観察付きの執行猶予判決を言い渡された人などが対象だよ。

ポンきち：国の指導監督ってどんなこと？

記者：保護観察官という国家公務員や、保護司というボランティアが、対象者と定期的に面談するんだ。仕事や交友関係などの近況報告を受け、困っていることがあれば相談にも乗る。対象者の夫や妻、親など家族とも面談して、家庭内の事情も把握しようと努める。継続的に指導することで、昔の悪友と一緒に行動することなどを防ぎ、再犯しない環境づくりを目指すんだ。

ポンきち：本当に再犯を防げるの？

記者：更生を支援する人は他にもいる。非行少年に兄や姉のような立場で一緒に遊んだりする青年ボランティア「ＢＢＳ会」や、非行歴のある少年の事情を理解したうえで雇ってくれる会社社長がいる。刑務所を出てもすぐに住む場所が見つからない人には、民間で運営する更生保護施設がある。食事も付いている民宿のようなところで一定期間、寝泊まりできるよ。ただ、本人の意志が一番大事なのは言うまでもないね。

ポンきち：へー、初めて知った。更生保護ってなじみがなかったなぁ。

記者：実は、国も更生保護の趣旨が市民に浸透していないことを課題だととらえているんだ。最近は「人は皆、生かされ、生きていく」「社会を明るくする運動」などをキャッチコピーに、更生には「地域社会の理解と協力も不可欠」などと訴えているよ。

　安全で安心な暮らしは誰もが望むことで、犯罪や非行をなくすには取り締まりを強化して処罰することも大事。ただ、立ち直ろうと決意した人を社会が受け入れることや、罪を犯す人を生み出さない家庭や地域づくりを目指すことも、また大切だろうね。

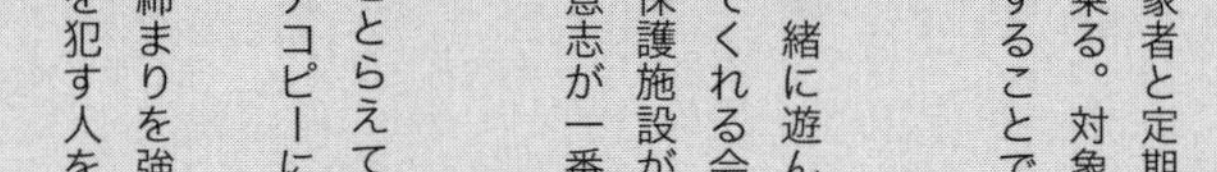

面接重ね処方箋探し――仮釈放

九州のある刑務所の面接室。身長180センチを超す丸刈りの男がパイプ椅子に腰掛けた。裁判で確定した刑期を残して仮釈放される候補者として、九州地方更生保護委員会の委員に可否を判断してもらうためだ。

机を挟んで1メートルほどの距離で向き合うのは委員の竹中力(62)。男とは初対面だが、その名前は記憶に生々しかった。

男は数年前、同居する女性の連れ子をおもちゃで虐待して死なせた。竹中は当時、虐待から子どもを守る児童相談所の職員だった。

「あの幼子の命を奪ったのは、この男だったのか」。込み上げる気持ちを悟られてはならない。竹中は事件を振り返ってもらうことから始めた。

「凶器にしたおもちゃは、誰んとやったとか」

「自分のものです」と答える男に、竹中は畳み掛けた。「そんな、子どもみたいなもん持っとったんか」

その瞬間、男は竹中をにらみ付けた。怒りに震えているのが分かった。

塀の外に出られるかが懸かった面接である。多くの受刑者は自分を良く見せようと繕うのに、この抑えきれない感情はどこからくるのだろう。竹中は質問を続けた。

1時間にわたる面接の終わりが近づいたとき。男はおもむろに言った。「親にずっと、やられていた」。子どものときに受けた親からの虐待を告白した。捜査でも裁判でも明らかにならなかった事件の背景。竹中は、男がようやく自分の過去と向き合い始めたことを感じた。3度の面接を重ね、悩んだ末に仮釈放を支持する書面を書いた。

九州地方更生保護委員会が管轄する九州沖縄8県には、竹中を含めて9人の委員がいる。一定の刑期を過ぎた受刑者のうち、更生保護を担う保護観察官の面接で仮釈放の候補となった者にあらためて面接し、罪を悔いる気持ち、更生の意欲、再犯の恐れがないかを見極め、委員3人の評議で結論を出す。九州委員会は2011年、2001人に対する審理を始め、1845人の仮釈放を決めた。

刑務所を満期で出所するよりも、保護観察官や保護司の支えがある仮釈放者のほうが再犯率は低い。だが愛知県で起きた乳児を含む3人殺傷事件など、04～05年に仮釈放者や保護観察中の人による再犯事件が相次ぎ、法務省は仮釈放のあり方を見直した。保護観察官出身者がほとんどの更生保護委員会委員に、竹中のような専門職経験者が採用されたのもその一環である。

仮釈放者が再犯に至れば世間の非難を浴びる。元委員の男性（63）は「仮釈放を認めるか否か、すごいプレッシャーだった」と振り返る。

12年2月下旬、竹中は長崎刑務所にいた。借金の末に盗みをした50代の男は、これまでの5度の窃盗罪すべてがパチンコが引き金だった。「ギャンブル依存症と言われたことは」と竹中が問うと1度もないという。「精神科で依存症の治療をして、もう終わりにしようや」と促した。

1回の刑務所訪問で面接するのは6~9人ほど。「第三者の目で受刑者を見る。罪の原因に少しでも近づき、再起のための処方箋を探してあげたい」と竹中は言う。面接は社会復帰への最後のカウンセリングでもある。

何度裏切られても……――保護司

「彼女を紹介したいんです」。待ち合わせた食堂に、若者は交際中の女性を連れてきた。ある事件で逮捕された若者は、社会で暮らしながら生活の指導を受ける保護観察中だった。紹介した解体業の会社でまじめに働き、立ち直り始めているように見えた。「しっかり頑張らないかんよ」「はい」。ささやかな楽しい会食だった。

数年後。新聞に若者の名前があった。ガソリンスタンドから金をだまし取ったとして詐欺容疑で逮捕されていた。

また裏切られた――。福岡県内で保護司を務める元小学校校長の谷本義三（76）＝仮名＝は、いまも苦々しく思う。

保護司は無給のボランティアだ。刑務所から仮釈放された人や保護観察処分の少年などの「対象者」と月2回、自宅で面接したり、相手方を訪ねたりして生活を見守る。

保護司を引き受けて17年。保護観察が縁で、仲間の保護司と招かれた結婚披露宴のことを谷本は忘れられない。

新郎は高校時代、嘱望されるスポーツ選手だった。身体を壊して夢を見失い、非行に走り、覚せい剤に手を出した。2度目の服役後、ようやく定職に就いて働き始めた。そして挙式――。新婦のおなかには新しい命が宿っていた。

息子の晴れ姿に目を潤ませる両親。あいさつを頼まれたが、祝宴で保護司とは明かせない。「教師時代に担任でして……」とうそをついた。

いま、その「教え子」は再び覚せい剤に手を出し、服役している。

「だまされてばかり。何度辞めようとしたか」

保護観察中、面接の約束を破ったり許可なく旅行に出たりすると仮釈放が取り消されることがある。「だから対象者の大半は私たちに従順だ」とベテラン保護司は言う。

とはいえ、トラブルもある。２０１０年7月、茨城県桜川市で、保護司の自宅が対象者の15歳の少年の放火によって全焼した。

「金に困って、わが家に来たりしないだろうか」。熊本県に住む保護司の男性は、対象者を迎え入れるたびに心がざわめく。自宅には親も妻も娘もいる。「家族は、保護司を続けることに反対です」と打ち明ける。

《明日13時で大丈夫ですか?》。九州北部で保護司を10年続ける中山信宏＝仮名＝のスマートフォンに、窃盗罪で保護観察付きの執行猶予となった青年からメールが届いた。《待っています》と返信を打つ。

「最近の子は何でもメールでしょ。気持ちを開かせるには新しいツールも使わなきゃ」

この青年を担当するのは少年時代を含めて2度目。また罪を犯さないか心配だが「電気工事の資格をとりたい」と言い、部屋を訪ねたら参考書が並んでいた。今度こそ、と中山は期待している。

「メールやら分からん」とぼやく高齢の保護司もいる。薬物やアルコール依存症など難しい対象者が増え、保護司の負担感は強まるばかり。それでも続けるのは喜びがあるからだ。

「先生!」。散歩していた谷本は、作業服の男に声をかけられた。かつて担当した若者だった。

「きつかばい」。泥んこの顔に汗が光った。

「その笑顔が美しくてね」。谷本は目を細めた。

「さらし者」の危険は？——社会貢献活動

「お兄ちゃんイケメンやね」「若いけん、力のあって助かるわぁ」

福岡県内のターミナル駅に近い高架下の通路。白髪のお年寄りに交じって、茶髪の若者たちがデッキブラシで路面の汚れを落としていた。ある者はジーンズを腰まで下げてはき、ある者は高級ブランドのバッグを斜め掛けしている。彼らは保護観察の対象者。社会貢献活動と称するボランティアで、自治会の清掃に加わっていた。

保護観察中の人を公共の場所で奉仕させることにより立ち直りを促す社会貢献活動は、2011年度に福岡、熊本、鹿児島などで先行実施され、12年度から全国で始まる。「人の役に立つことで、自己評価が高まり更生意欲が上向く。社会のルールも身につく」。法務省は意義を強調する。

通路の清掃前、集合した公民館で若者たちは、住民や保護司など十数人を前にぼそぼそと名字だけを名乗った。ホースで水をまいたり雑巾を使ったり、協力して汚れを落とすうちに打ち解けていった。通行人から「ご苦労さん」と声が掛かる。1時間もすると「こっちに水くださーい」と威勢のいい声を上げた。

掃除を終えて再び集まった公民館。同行した保護観察官に促され、若者たちは順番に感想を述べた。「ルールを守ってやり遂げることができました」「初めてにしてはよく頑張れたと思います」。拍手を受けて、はにかんだ。翌日、その一人から公民館に電話があった。「また参加したいので活動日を教えてください」との申し出だった。

こうした取り組みが、いつも地域に受け入れられるわけではない。

福岡保護観察所の保護観察官の諸藤佑季（33）は、福岡県内のボランティア団体に「おたくがやっている河川清掃に観察所も参加させてほしい」と頼んだ。

「暴力を振るうような人間が来るとやったら、ボランティアたちが参加せんごとなってしまいます」。団体スタッフの言葉に、諸藤は理解が広がっていないことを痛感した。「立ち直ろうとしている人たちなんです」と説明し、非行少年の更生を助ける若者たちによる全国的なボランティア組織「BBS会」にも加わってもらうことでようやく了承を得た。

活動には保護司からも「公衆の面前で対象者をさらし者にするのか」と反発がある。逮捕されても氏名や住所が報じられない少年の場合はなおさらだ。「こうした活動は欧米で盛んだが、日本にはなじまない気がする」と戸惑う保護司もいる。

偏見から守るにはどうするか。保護観察の対象者が参加していることを一般の人に伝えない、茶髪などの身なりで周囲から浮かないようBBS会にも参加してもらう、屋内活動もする……など保護観察所は検討を重ねる。

一方で駅周辺を清掃するくだんの自治会は、活動の場に駅長や副駅長を招いている。「駅長さんが見に来てくれるようなことをしよる、って彼らに思ってもらうことは効き目があるんよ」と世話役の女性（79）は言う。

国会では、保護観察の対象者に社会貢献活動を義務付ける刑法等改正案が審議されている。役に立つ喜びを知ってもらうという本来の趣旨から外れて、刑の延長と同じではないかとの批判もある。

見極めたい「保護力」——生活環境調整

九州のある街に住む保護司、上杉哲哉（40代）＝仮名＝のもとに一通の書面が届いた。

《本人は実母に身元の引き受けを希望しています。意思確認願います》

保護観察所長名の「通知書」。「本人」とは刑務所からの仮釈放が検討されている50代の男のこと。こうも記されていた。《実母が認知症なら引受人としては不十分……》

報告期限は1カ月後。上杉は腰を上げた。

保護司の仕事は保護観察を見守るだけではない。仮釈放や少年院を仮退院する前提として、帰住先となる身元引受人の意思を確認する「生活環境調整」も役目だ。

立ち直るには家族の支えがあった方がいい。「引受人の『保護力』を見極めるのが最大の使命」と上杉は話す。

少年時の窃盗罪で服役している若者のときは、罪を犯した背景を父親に聞いた。

「息子はゲームにはまった頃から遊び歩くようになった。金欲しさから犯行に手を染めたと思います。本当は優しい子……。更生を助けたい」

迎え入れた後のことを真剣に考えているようだった。上杉は《帰住先として問題ない》と報告書に記入した。

保護観察所からの質問事項は多い。家族の仲、年収、持ち家か賃貸か、部屋の数……。「まるで調査員でしょ」。上杉は苦笑する。

「息子が刑務所に入っとるときは天国。帰ってきたら地獄です」。ある受刑者の母親の言葉に、福岡県内で保護司を務める小林悟(65)=仮名=は言葉を失った。

覚せい剤との決別を誓っても、出所すれば昔の仲間に誘われる。わが子の更生を信じたいが、また金をむしり取られたり暴力を振るわれたりしないか——。引き受けるか否か、家族は揺れ動く。

引受人は老いた母親と思っていたところ「私が迎えに行きます」と暴力団員風の男が現れたこともある。「足を洗ったと聞いていたのに」。調査は容易ではない。

2012年3月上旬、福岡刑務所。「入ります！」。受刑者の男がまた一人、保護観察官の待つ部屋に入った。背筋を伸ばし、観察官の言葉にうなずく。

仮釈放に向けた面接の第一段階だ。「対象になるのは、素直でまじめにやっている人間ばかり」と刑務官。所内での態度が「優良」と認められる受刑者が選ばれる。

だが、中には再び罪を犯す者がいる。仮釈放された途端に豹変《ひょうへん》し「刑務所では、お利口さんにしとると3カ月か半年、早く出られるもんね」と得意げに話すのを小林は聞いたことがある。

3月上旬に福岡県であった保護司会の研修会。「家族の苦悩を報告書に書いても、その思いが本人に伝わっておらず、更生につながっていない。刑務所は報告書を読んでいるのでしょうか」。小林の仲間から噴き出した不満に、講師役の保護観察官は率直だった。「出所後の引受人がいるかどうか、それだけを見ているのではないか」

母親は認知症なのか。引受人にふさわしいだろうか。上杉は1月末まで、母親が暮らしているはずの家を何度も訪ねたが会えなかった。仕方なく、報告書の「調査継続」を○で囲んだ。

今のところ再調査の依頼はない。

表舞台に立たされて——保護司会活動

夏休みの中学校の体育館に、ブラスバンドの演奏が響く。自治会長など300人を前に、保護司会の会長は壇上から呼びかけた。「犯罪をなくすために力を合わせましょう」

川副陽介（64）＝福岡市城南区＝は集会前、体育館の壁にポスターを張り、パイプ椅子を並べる手伝いをした。4カ月前に保護司を引き受けてからの「初仕事」だった。

地域ごとの保護司の集まりである保護司会は、1999年の法改正で公的に位置づけられ、地域の防犯・広報も担うようになった。川副が手伝った昨夏の集会はその一環だ。

保護司の活動拠点となる「更生保護活動サポートセンター」も全国で設置が進む。北九州市の八幡保護区保護司会は、福岡県で初めて看板を掲げた。八幡東区役所に近い水道局の建物にあり、保護観察対象者と面接できる小部屋もある。

「対象者だけでなく、一般市民に向けて何かしたいんです」と会長の花田則美（73）。常駐する保護司が非行少年の問題など相談を受けることも検討している。「手探りですけどね。会員の中には『何でそこまでせんといかんのか』と否定的な声もあるから」

再犯防止には地域の理解と協力が不可欠――。無給のボランティアである保護司活動の幅を国が広げる背景にはそうした考えがある。「犯罪は地域で起き、罪を犯した人を立ち直らせるのも地域。そのことを広く知らせてほしい」と法務省幹部は言う。

現場は戸惑っている。「少年サポートチーム推進協議会に学力向上連絡会……。月に10日以上、行事に呼ばれる。対象者との面接より組織活動が主になった」。福岡市早良《さわら》保護区保護司会長の宮本侃《なおし》（73）の実感だ。

なり手不足も変わらない。「社会的使命を果たして」と校長経験者や住職などを説得しても、忙しさを警戒してか断られることが増えた。早良保護区は定員を8人下回る76人。年配の人が多く来年は10人以上減る。「あんたんところ（後継者を）つくらないかんな」。会員の顔を見るたび、宮本の口をついて出る。

川下りの水路に近い福岡県柳川市の住宅地。道路脇に「柳川保護司会館」と案内板が立つ。訪ねてくる保護観察対象者から「場所が分かりづらい」との声があり3年前に設置した。会館は30年前からある。「昔は会館自体、一般に知られたくない空気があった。保護司が表舞台に出て、社会の意識が変わってきた」。柳川保護区保護司会長の森田榮良美（76）は話す。

地域一体となった犯罪予防の取り組みには手応えを感じる。ただ、気になるのは対象者やその家族の態度だ。「恥ずかしい、申し訳ないという気持ちが薄らいだような気がする。本当に罪と向き合っているかどうか、分からないときがある」。森田は首をかしげた。

保護司2年目を迎えた川副は、いよいよ保護観察を担当することになる。「見ず知らずの私に心を開いてくれるだろうか。刑務所に代わる『見張り番』と思われたら負けですよね」

役割は増えても、大切なのは罪を犯した人の更生を見守ること。川副は、対象者が地域に戻る夏を待つ。

変革の波に惑う現場——保護観察官

「テルオ＝仮名＝は目標とかあるや」

「高校落ちたけん、来年もう1回受ける」

2012年3月下旬、福岡保護観察所の面接室。保護観察官の北川皇史（43）は、家庭裁判所の審判で保護観察処分が決まったばかりの少年と向き合った。

「盗んだときは何も考えんかった。捕まらんならいいやって」。あどけなさが残る15歳に、北川は言葉を掛けた。「自分の人生やけん、約束事しっかり守ってな」

児童福祉司として児童相談所に勤めていた北川が転身したのは3年前。児相時代に非行少年と関わったが、家裁に送致すればそれっきりだった。「その後どうなるか、自分の目で見たかった」

社会福祉士、精神保健福祉士の資格を持ち、精神科に勤務した経験もある。アルコール依存症の仮釈放者を担当した際は、酒に逃げ込む原因を面接で探り、専門の病院を紹介した。

「面倒をみてくれる地域の機関につなぐことが僕の役割。これまでの経験が生きていると思う」

行政職の一つにすぎなかった保護観察官に専門家が登用されるようになったのは、06年の法務省有識者会議の提言がきっかけだ。観察官の「保護司任せ」の姿勢が再犯を防げない原因とみて、専門性や「人間力」の向上を求めた。専門知識と人格的魅力を併せ持つスーパーマン――。そんな理想像が浮かぶ。

とはいえ北川のような専門家が急に増えるわけはない。覚せい剤や性犯罪の仮釈放者向けのプログラムなど、初めてのことは研修を受けながら当たるしかない。薬物事犯者への尿検査、仮釈放者と連絡がとれないときの警察への通報など、監視の目を強める取り組みも迫られて戸惑いもある。

一方、人手不足は解消されていない。北川も常時200近い案件を抱え、少年と向き合う時間は「書類仕事に追われて児相時代の半分以下」とこぼす。「急激な変化についていけず、心を病んで倒れる人もいる」。観察官17年目の大山秀二（45）は打ち明けた。

もともと観察官のやり方は千差万別だ。対象者に携帯番号を教える人もいれば、夕方にきっちり仕事を終える人もいる。「裁量の幅が大きく、職人的な面がある」と法務省幹部も認める。

30代の女性観察官は、新人研修の席で聞いた先輩の言葉を信じている。

「いろんな人を頼って社会と対象者をつなぐ。その引き出しを持っているかどうかだ。外に出て人脈を広げなさい」

法務省に昨春入省した福島理瑛子（26）は福岡に配属され、昨秋から観察官の仕事を始めた。

初めての面接は緊張した。「反省してます」という少年の言葉を信じたい。でも本心？　見極める難しさを味わった。

2月。少年院に3回入ったことがある少年が保護観察を〝卒業〟した。「これでお別れと思うと、うれしい半面、寂しいね」。最後の面接で、少年を長年見守ってきた保護司の男性が話した。目を潤ませる母親の隣で、少年は照れくさそうにしていた。

福島は心が熱くなった。

「少年の立ち直りと保護司さんの喜ぶ姿。二重の喜びですね」

変革の波に惑う現場にあって、新しい担い手は前を向いている。

数字で表せない使命——更生保護施設

2012年3月の平日の午前。秋本雄一（65）＝仮名＝は、こたつに横たわってテレビを見ていた。6畳の2人部屋。簡易ベッドが二つ並んでいる。

ここは、刑務所を出ても頼る先のない人を一時預かり、泊まる場所や食事を提供する更生保護施設「筑豊宏済会《こうさい》」（福岡県飯塚市）。

施設長の江崎博信（64）が部屋に入った。「どうぞ」と言う秋本は体を起こせない。翌日の病院も付き添ってもらわないといけない。「迷惑ばっか掛けてます」。ちょこんと頭を下げた。

生活苦から鶏の空揚げなどを盗んで服役した。刑務所では下痢が止まらず、おむつを着けられた。1月に仮釈放されて筑豊宏済会に入所したとき、頬はこけていた。数日後に受診。大腸がんが見つかった。通院により抗がん剤を受けている。

頬もふっくらしてきた秋本を、江崎がからかった。「ここに来てなかったら、また刑務所に行ってたか孤独死しかなかったな」。「そげです。感謝、感謝です」。秋本は拝むしぐさをした。

高層ビルが林立する大阪市北区。更生保護施設「和衷会《わちゅう》」は9階建てのビル。収容定員は国内最大の110人だ。殺人などの重い罪を犯した人も受け入れる。北海道から鹿児島まで24カ所の施設に断られて来た人もかつていた。「最後のとりでです」。施設長の加藤吉宏（68）は言う。

外山勝二（61）＝仮名＝のベッドは薬袋があふれている。糖尿病に加え、血を造る骨髄に異常がある病気も仮釈放後に判明。余命3年と言われた。1～2週間に1度の輸血が欠かせず、頑張っていた職探しはやめた。

秋本や外山のような入所者は例外ではない。刑務所に高齢者や障害者が増え、更生保護施設も同じ状況にある。仕事を見つけて自立するのを助けるという本来の役割は過去の話になりつつある。

高齢者が2割以上の和衷会は、09年に高齢者・障害者専用フロアを造った。廊下に手すり、車椅子で入れるよう居室の扉は引き戸にした。

「施設が福祉に近づいたというより、福祉そのものになっている」。加藤はこう表現する。職員の負担も増えている。

変化はそれだけではない。「10年度の収容率86%。11年度は90%を目指して……」。定員に対する受け入れ率を上げるよう、施設ごとの数値目標が法務省から示されるようになった。

全国に現在104ある更生保護施設の運営費の大半は国からの委託費。再犯率を下げるため、更生保護施設や保護司などの支援がある仮釈放者を増やしたい国は、08年度に33億円だった委託費を23年度には46億円に増額した。「使命を果たすべきだ」と法務省幹部は迫る。「数字ありきで、支援が〝処理〟にならないか」と施設側は漏らす。

少年専門の「泉州寮」（大阪府）の施設長藤本昌夫（65）も困惑する。見学の保護司に窮状を訴えた。

「幼稚化して手が掛かる寮生に毎日悩んでいます。職員を増やしたいけど、そもそもお金は足りんのです。行き場のないこの子をどうすんねんって。その使命感だけでやってます」

再犯率、収容率、そして経営……。数字に追われる毎日でも立ち止まってはいられない。

考えてもらうために——性犯罪者プログラム

「事件を繰り返さないために、あなたはどうしますか」。福岡保護観察所の保護観察官野田採途子《さとこ》（34）が性犯罪を犯した男に問い掛けた。

「彼女がいなくて寂しく、借金があった」と当時を顧みた男は「悩みは友だちに相談します。お金は計画的に使います」と答えた。別の男は「新しい趣味も見つけます」。野田とペアを組む男性観察官が発言をホワイトボードに書き出していく。

2012年春、保護観察所の会議室。再犯防止を目的にした「性犯罪者処遇プログラム」の一場面だ。2時間の授業が終わると、男たちの言葉でボードは埋め尽くされた。

04年、性犯罪の前科のある男が奈良県で起こした女児誘拐殺害事件を機に性犯罪者への取り組み強化が叫ばれた。06年から法務省は、心理学に基づいたプログラムを刑務所の一部と保護観察所に導入。仮釈放期間が3カ月以上の人には受講を義務付けた。

2週間ごとに全5回。初回は観察官が対象者と面談して事件に至った経緯を振り返ってもらう。「ひどい人生ですね」と漏らした男もいる。性的興味が生まれたのはいつか。奥さんや恋人は……。濃密なやりとりが4時間続く。

2回目からは数人のグループワーク。T、がっちゃん……などあだ名で呼び合う。プライバシーへの配慮だ。自分の考えのどこが間違っているのか、それはなぜか、どう正せばよいのかを具体的に考えていく。自身の問題点を書く宿題も出る。

「性に興味を持つ年頃なんだし、強引ではなかった。相手を被害者とは思わない」。少女と性行為をした男は居直った。

被害者の思いを考える4回目の授業。野田は湧き起こる怒りを抑えて聞き返す。「自分の子どもだったらどうですか」。「嫌ですけど、娘はそんなことしません」。「そうでしょうか……」。他の対象者も加わって、しばし議論が続いた。

野田は1年前からプログラムを担当している。やるべきことを列挙したマニュアルはあるが、どう進めるかという詳しいものはない。強姦《ごうかん》、強制わいせつ、痴漢。対象者の罪も意欲も違う。ペアの観察官と綿密に打ち合わせをして臨む。先の男のように罪を自覚しない者がいればなお難しい。

福岡地裁で性犯罪の再犯により男が裁かれた。裁判員たちは、プログラムの意義を説く精神科医の2時間に及ぶ証言に聞き入った。判決後の記者会見で「再犯防止にプログラムは必要だ」と口をそろえた。

野田も最近、警察官に知らされた。受け持った男が、また同じ罪を犯した――。刑務所でプログラムを受けた1132人のうち35人（3％）が再犯した（11年3月末現在）とのデータもある。

「5回の授業では限界がある」。野田の表情は厳しい。小規模の観察所ではプログラムを一人で担当し時間を短縮することもある。仮釈放されて満期までの期間が短い人の受講は必須ではない。課題は山積みだ。

5回目の授業を終えて冒頭の男は言った。「もう1回ぐらい受けたいです」。野田は思う。「自分の問題を考えるきっかけとして、これからの生活のために、一つでも学びがあれば」。それにはどんな言葉を掛ければよいか。一言、一言が試行錯誤だ。

すみ分け描けず迷走——自立更生促進センター

電話が鳴った。北九州市小倉北区の「北九州自立更生促進センター」。刑務所を仮釈放になったあとセンターで暮らし、社会に戻った中年の男性が受話器の向こうで言った。「洗剤はどこで買えばいいんでしょうか」。図書館での本の借りかたを聞いてきた人もいる。

職員は、ちょっとうれしくもある。「ちゃんとやってるな」と……。

センターは2009年6月、初の国営の更生保護施設という位置づけで法務省が開設した。帰る場所のない仮釈放者の社会復帰支援は民間の更生保護施設が担ってきたが「苦労は多く、もうからない」（関係者）ゆえに施設は増えず、殺人や放火、性犯罪者は地域への配慮から受け入れに消極的だった。

民間では対応が難しい人たちに国が手を差し伸べる。こう理念は掲げたが、地域では「治安が悪くなる」「怖い」と反対運動が火を噴いた。やむなく刑期8年未満の仮出所者に限るなどの受け入れ基準で船出した。開設から3年を迎えるのに、周辺には「仮出所施設反対」の看板が立つ。

定員は男性14人。10の居室には「生活の案内」という30ページ超の規則集が備え付けてある。職員の同行なしには敷地の外に一歩も出ることはできない。常に居場所が把握できるよう、衛星利用測位システム（GPS）付きの携帯電話を離さないこと。部屋に現金は1円も置いてはならない……。

あまりにも厳しい管理に、民間の施設などからは「社会内刑務所だ」と揶揄《やゆ》する声もある。

パソコンに向かっていた保護観察官に、センター長の田畑義弥（50）がハッパを掛けた。「ほら、早く営業、行けっ」

仮釈放後の行き先として自由の乏しいセンターを希望する受刑者はいない。開設から2月末までに延べ64人が入所したのは「営業の成果」と田畑は言う。営業とは、民間の更生保護施設から受け入れを断られた受刑者を紹介してもらうために全国の刑務所や保護観察所を回ることだ。

血税で運営し、反対運動は収まらない。福岡保護観察所の幹部も言う。「国民と地域に認めてもらうためには、実績を示さないと」

仮釈放者が入所する3カ月間、ハローワークや企業の面接にも保護観察官がついて行く。しどろもどろの応対しかできない人には助け舟を出す。独自の再犯防止プログラムで教育も行う。

午後10時の消灯を過ぎて入所者1人の行方が分からないと、職員10人全員に緊急招集がかかる。捜索する班と関係機関へ出す書類を作成する班に分かれて対応。これまでに無断外泊で仮釈放を取り消したのは4人。禁酒を破った2人も刑務所に送り返した。

更生保護に国が本腰を入れると期待された自立更生促進センターは、北九州市と福島市（10年8月開設）にしかできていない。国は11年度には、NPO法人などに仮釈放者の宿泊を委託する「自立準備ホーム」のしくみをつくった。センターと更生保護施設と、どうすみ分けるのだろう。更生保護の行く末を国自身が描けず、迷走しているようにもみえる。

確かなのは、社会で生きていくために支えを求める人がいること。センターに電話をしてきた男性のように。

巣立つ日まで見守る——多機関連携

「ただいまから巡回診療を始めます」。大分市にある更生保護施設「あけぼの寮」に館内放送が流れた。

臨時の診察室となった集会室で、70代の男性は「風邪ひいて、頭から喉から何から痛い」と訴えた。「お熱を測りましょう」と看護師が応じる。

「いつもと表情違うやん。女性にニコニコしてから」。寮の補導員、牧正勝（66）が冷やかすと、男性は「はぁい」と照れ笑いを返した。

巡回診療は、社会福祉法人の大分県済生会日田病院（日田市）が2010年に始めた生活困窮者支援「なでしこプラン」の一環だ。外来患者に元受刑者がいたこともあり病院が持ち掛けた。毎月第4日曜の昼下がり、医師と看護師が訪れる。

仕事を見つけたばかりの青年は、歯が痛くて夜も眠れない。「今は忙しいけ、休まんでくれって職場から言われてるんで……」。雇用主に遠慮して受診するのをためらっていた。

重度の高血圧や糖尿病といった持病を服役中に放置していた人も少なくない。仕事を休まなくてすみ、薬も無料でもらえる巡回診療はうってつけだ。健康への意識が高まり、就労意欲も上向くという。

「出所者を嫌がる病院もあった。病院と更生保護施設の連携なんて、昔なら考えられない」と牧は話す。

鹿児島市の司法書士、福田英人（35）は「更生保護施設とは何かさえ知らなかった」という。いまは鹿児島県青年司法書士会の一員として年3回ほど、市内の更生保護施設「草牟田寮《そうむた》」に出向いて法律相談に応じる。

ホームレスになる人の多くが元受刑者という事実を知り、自立できるようにと相談会を始めた。寮で暮らす多くの人が借金など法的な悩みを抱えていた。「地元に戻ると取り立てが怖い」「知らぬ間に養子縁組させられて、借金の保証人になっていた」――。

ある男性は自宅のローンを気にしていた。「抵当がついて、もう僕の家ではないだろう」。司法書士が調べると、実兄が代わりに支払い続けていた。疎遠だった家族とも会えた。「希望ができました」。男性はいま懸命に働く。

出所者の抱える課題はそれぞれだ。それを一人では支えられない。さまざまな職種や地域の人たちによる支援の輪が広がりつつある。

福田は願う。「生活を立て直すことで、犯罪を重ねて刑務所暮らしを繰り返す人生から一人でも抜け出してくれれば」

罪は消えない。でも再びチャンスはある。立ち直ろうともがく人がいて、支えようとする人たちがいる。

少年のツヨシ＝仮名＝は盗んだバイクを無免許運転して保護観察処分となった。1年半ほど前から北九州市のガソリンスタンドで働いている。遅刻や欠勤が目立った当初と態度は一変した。「おとなしくなりました。夜は遊ばなくなったし」。すっきりした笑顔をみせた。
「いまでは、なくてはならない従業員です」と経営者の男性。社会の一員として巣立つ日まで見守る。

（敬称略）

インタビュー

排除の論理を脱して

桐蔭横浜大学教授　河合幹雄さん

誰もが耳にしたことのある怪談は、実は本当の殺人事件だった――。犯罪と社会のありようをひもとく法社会学者の語りは意外なところから始まった。

「怪談はフィクションではないんです。殺人事件の本をまとめるために調べたんで。怪談を読んで昔の事件記録と照らし合わせると、見事に一致したわけです」

社会が犯罪者にどう対応してきたかも怪談がヒントをくれるという。

「『人でなし』って表現しますよね。文字どおり犯罪者は人間ではないと。怪談のように何かに取り付かれた、と考えて忌み嫌ったんですね。多くの人は、刑務所から出てきた人なんて見たこともないって言うでしょう？　日本の文化は『ハレとケ』。犯罪や犯罪者は『ケ＝穢《ケガ》れ』。だから昔から排除してきたんですよね、世間から」

罪を犯した人を排除する空気はいまも根強い。刑を重くする法改正が続き、厳罰化という言葉が定着した。

「犯罪の件数はむしろ近年減っている。統計で明らかです。だけど一部の凶悪な事件は大きく報道されて、何となく世の中が悪くなった気がする『体感治安』が悪化した。誰かが悪いっていう不満があって、生活保護を受けている人さえ悪者扱いされたりする。そんななかで犯罪者はスケープゴート（不満をそらす身代わり）にされやすい」

「悪いことをした人を厳しく叱るのは正しい。叱る内容を考えないといけないのに、厳罰化って単に刑務所に長く入れることしかできない」

刑務所は高齢者であふれ、罪を重ねる人も多い。再犯率も上がった。

「ある医療刑務所に行ったんです。一見すると、おじいさんばかり。実際の年齢分布を見て驚きました。70代は1人。60代だと感じた人は50代だった。みんな、ふけている。50歳を過ぎて、社会に適応できず刑務所に入る人が増えています。老後を支えるしくみが壊れたのと、普通に生きてきた人が年を重ねて家族関係でつまずき、転落しているように思います」

「犯罪者が皆、罪を繰り返すわけではない。社会で生きる力の弱い人が長生きするようになり、やっていけないから犯罪に至る。人知れず出所者の面倒をみていた保護司のような人が高齢化し、不足していることも見逃せないですね」

罪を犯した人を支える態勢も揺らいでいる。

「住民のほとんどは出所者（犯罪者）の世話に全く関わってこなかった。穢れだからね。一部の保護観察官や刑務官、民間の保護司や出所者を雇い入れる中小企業などが努力して支えていた。でも地域で受け皿になる人が細っちゃった。もともと足りていなかったから大変です」
「いろんなものが機械化したけど、人の世話をするのは人しかいない。なのに人を育てる、人の世話をすることをサボってきた。犯罪者を手当てする更生保護も同じ。だから大きなダメージがきています。このままでは制度がもたないのは目に見えているけど、今後のビジョンは描けていない」

市民が刑事裁判に参加する裁判員裁判が始まり3年がたった。罪を犯した人のその後にも少しずつ目が向き始めた。
「いいチャンスかも。地域の人が犯罪者の立ち直りを何も支えず、何も知らないという『お任せ状態』は脱しないといけない。住みよい社会をつくり、どんな国にするのかという視点で一人一人が考えるときです」

かわい・みきお　1960年生まれ、京都大学大学院法学研究科博士後期課程修了。専門は法社会学。法務省「矯正処遇に関する政策研究会」委員、警察大学校嘱託教員などを務める。パリ第二大学への留学経験もありフランスの司法制度にも詳しい。日本法社会学会理事。著書に『安全神話崩壊のパラドックス』、『日本の殺人』など。神奈川県川崎市在住。

（2012年6月25日掲載）

キーワード

仮釈放と再犯●受刑者を刑期満了前に釈放し、残りの刑期を保護観察のもとで生活させ社会復帰を促す制度。刑期の3分の1、無期刑では10年を経過していることが条件。仮釈放者は2012年に1万4700人。全出所者に占める割合（仮釈放率）は53・5％。仮釈放率は05年以降低下していたが、11年から上昇に転じた。10年のデータによると、出所した年に再び刑務所に入った人の割合は仮釈放者の1.7％に対し満期釈放者は10・4％。同じく5年以内は仮釈放者30・0％、満期出所者53・4％と開きがある。

保護司の現状●法相から委嘱を受ける非常勤の国家公務員。定員は全国で5万2500人。2013年1月1日現在の実数は4万7990人。平均年齢は64・3歳。高齢化傾向にあり都市部ではなり手が不足している。交通費など実費の支給はあるが、仕事そのものは無給。10年の保護観察取扱数は9万3652件。法務省によると、自宅で面接中に席を外した際、対象者から現金を盗まれるなど5件の被害が報告された。12年度から保護司の物的損害を補償する制度ができた。

社会貢献活動の義務化●保護観察の対象者に公共の場所の清掃や福祉施設での介助をさせる社会貢献活動は、欧米の「社会奉仕命令」がモデル。暴力団員などは含まない。2013年の法改正で義務化された。3年以下の懲役・禁錮の判決のうち、裁判所の判断で刑の一部の執行を1～5年の範囲で猶予する「一部執行猶予制度」も導入された。実刑と執行猶予の中間的位置づけとされる。いずれも社会での更生を重視し、再犯防止を目指す施策だが、監視の目にさらされて実質的な重罰化につながるとの懸念もある。

生活環境調整と保護司●生活環境調整で保護司が調査するのは、近隣の風評、交友関係、釈放時の出迎えの有無なども含まれる。保護司作成の報告書は保護観察所を通して地方更生保護委員会や刑務所・少年院にも送られる。引受人の意思が確認できないと仮釈放・仮退院は認められない。対象者が社会に出れば、調査した保護司がそのまま保護観察を担当することが多い。2012年に生活環境調整を開始した受刑者の数は5万716人。対象者の家庭環境が複雑化して保護司の負担は増したとの声もある。

更生保護サポートセンター●2008年度から順次全国に設置されており、14年度中に245カ所から446カ所に増やす方針。都市化でマンション住まいの保護司も多いことから、保護観察対象者や家族との面接や研修の場として想定されている。法務省の検討会は、センターを拠点に

「地域から保護司が見えるようにすることが必要」と言及。児童生徒や保護者を対象にした学校への出前授業、非行相談の受け付けといった取り組みによって、更生保護について世論の啓発に努めるよう保護司に求めている。

保護観察官の役割●罪を犯した人や非行少年の社会復帰に向け、保護司と協力して生活指導や就労支援などを担う。保護観察所や地方更生保護委員会に配属される。長期刑の仮釈放者など難しい保護観察対象者については、保護司に任せず自ら担当する「直接処遇」制度も2008年から始まった。法務省有識者会議は観察官の数を「少なくとも倍増すべきだ」と提言。06年度の650人から12年度は980人に増員された（管理職は除く）。福祉や心理学の知識を問う専門職採用試験も始まっている。

更生保護施設の現状●仮釈放者や満期出所者で帰る先がない人を、仮釈放期間または出所後6カ月まで預かる施設。社会復帰を支援するため就職指導や社会適応のための生活指導もする。国の認可を受けた更生保護法人などが運営。2013年4月現在、全国に104施設あり、定員は2340人。12年に新たに利用した人は約6900人。利用者数に応じて支払われる国の委託費などで経営する。職員の多くは矯正や更生保護に携わった経験者。高齢者や障害者の増加に伴い、09年度から57施設に福祉の専門スタッフを配置した。

専門的処遇プログラム●性犯罪や覚せい剤、粗暴性の高い事件などを起こした保護観察対象者に行う心理学、教育学などの専門的知見に基づく授業。保護観察だけでは問題解決が難しく、再犯防止の観点からも不十分だとして2006年から順次導入された。10年の場合、性犯罪の新規受講者は910人、覚せい剤は1387人、粗暴性の高い人が受ける暴力防止プログラムは274人。

自立準備ホーム●NPO法人や社会福祉法人が仮出所者らにアパートなどの宿泊場所を提供して自立を促す施設。2013年3月末現在、236事業者が登録。12年度に国が宿泊を委託した数は1181人だった。一方、自立更生促進センターは、当初計画された京都市と福岡市には住民の反対で開設されていない。北九州センターの予算は10年度の4980万円から12年度は3770万円に減った。国営の施設は自立更生促進センターのほか、就農による自立を支援する就業支援センターが北海道と茨城県にある。

多機関連携の現状●更生保護の現場に幅広い分野の人たちが加わってきた。長崎県雲仙市の更生保護施設「雲仙・虹」は社会福祉法人が開設。作業施設を生かしたプログラムがあり高齢者や障害者に対応する。福岡県の弁護士やNPO等は少年らの就労先を探して更生させようと「非行少年更生支援ネットワーク」を2011年5月に設立。少年を受け入れる事業者は当初の130社から212社に増えた。薬物や酒に依存する人の社会復帰を支える自助グループもある。

関連記事

凶行　SOSの果て／大阪通り魔事件／満期出所者支援に限界

「住むところもないし仕事もない。こじきになっちゃう」。大阪・ミナミで2人の命が奪われた通り魔事件。逮捕された儀飛《いそひ》京三容疑者（36）は新潟刑務所を出てから2週間余、出身地の栃木県内をさまよい、支援を求める言葉を方々で残していた。周囲に見せた立ち直りへの意欲と凶行の落差は大きく、親族らは戸惑いを隠せない。出所から事件を起こすまでの軌跡をたどった。

4畳ほどの面接室にはテーブルと椅子が3脚ある。2012年5月24日昼すぎ。宇都宮保護観察所（宇都宮市）に現れた儀飛容疑者はこの部屋に通された。

「泊まるところも身寄りもない。助けてください」。大きな紙袋を二つ手にしていた。

この日の朝、覚せい剤取締法違反の罪で1年10カ月過ごした刑務所を満期で出たばかり。保護司らの生活指導を受ける仮釈放者とは異なり、満期出所者に保護観察所を訪ねる義務はない。「こちらが地元なので土地勘もあったんでしょう」と観察所の横地環《たまき》企画調整課長（47）は話す。

応対した保護観察官は幾つかの更生保護施設に連絡したが、満室だった。「どうしても宿泊先をお願いします」。礒飛容疑者は必死だった。最終的に、薬物依存者を支援する民間団体が受け入れを了承する。翌25日、山深い場所にある那須町の施設に入所した。

それから15日たった6月8日午後1時ごろ。「礒飛京三です！」。那須塩原市で漬物店を営む女性（62）は、店先で声を掛けてきた男に面食らった。「住み込みで働かせてくれませんか」

オレンジ色のTシャツにジーンズ。かばんを幾つも抱えている。幼少期に近所に住んでいた遠縁に当たるが、会うのは10年ぶり。2回目の服役を終え、この日の午前に薬物依存者の自立支援施設を出たと聞かされた。施設には外出が禁じられるなどのルールがある。「刑務所みたいだった」と話した。

夫は出張中だった。「うちは暇だからね」と断ると「迷惑は掛けません。もう薬はしませんから」と何度も頼まれた。

礒飛容疑者は男3人兄弟の末っ子。両親は他界している。「迎えに来てもらうよう電話しなさい」。自宅に招き入れ、兄たちに電話させたが、すべて断られた。落胆した様子だったという。

午後8時ごろ、近くのホテルに車で送り届けると、直後に礒飛容疑者から電話があった。「大阪で仕事が見つかった。明日新幹線で向かいます」。弾んだ声だった。

女性はホテル代も含めて3万円を手渡した。儀飛容疑者は正座し、頭を下げながら受けとった。「自分を大切にね」「お世話になりました」。9日朝、駅で別れた。

買ったばかりの包丁を手に、儀飛容疑者がミナミの路上に立ったのは翌10日の白昼だった。

刑期を残して仮釈放された場合、保護司と月2回の面会といった遵守事項が課され、就労などの支援も受けられる。

満期出所者には何もない。儀飛容疑者のような自発的な申し込みに最低限の支援をするだけだ。『じゃあ明日から頑張って。バイバイ』と放り出してしまう制度になっている」と横地課長。政府は満期者への新たな支援策の検討を始めたが、具体化はこれからだ。

「夫がいれば違った対応ができたかも」。そう悔やむ親族の女性は、ぽつりと本音も漏らした。「内心怖かったですよ」

出所当日、更生保護施設に空きがあったら、手を差し伸べる家族がいたら――。事件は起きなかったかもしれない。

大阪に旅立つ前夜、儀飛容疑者が1泊したホテルからは那須連峰の美しい山並みが見えた。胸中を去来したのは大阪への希望か、絶望か――。

女性宅には今も、儀飛容疑者が残していったかばんがある。中身は衣服ばかりだった。

（2012年6月25日付朝刊より）

出所者を受け入れる株式会社創立――「ヒューマンハーバー」社長　副島勲さん

犯した罪と刑務所で向き合い、出所した人たちを社会にどう受け入れるかが、大きな課題としてクローズアップされる中、出所者を雇用し、社会復帰を支援する株式会社が2012年12月、福岡市に設立された。資源リサイクル業を主とする「ヒューマンハーバー（HH）」。バングラデシュの経済学者でノーベル平和賞受賞者ムハマド・ユヌス氏も注目するビジネスモデルだ。事業の本格的なスタートを前に、社長の副島勲さんに起業に至る経緯や今後の展望を聞いた。

――一般刑法犯中の再犯者の割合は43・8％（11年）。再犯者率は1997年から右肩上がりだ。

「保護司を17年続け、保護観察中の中学生から70代までいろんな人と接してきた。共通点は家族との関係が崩れて帰る先を失い、就職も難しい人が多いこと。社会には出所者に対する偏見がある。人に疎まれ、お金も底をついて再犯に陥るという、悪循環をどうにかしたいと常々思っていた」

――起業のきっかけは？

「2年半前、更生意欲が高く、経営ノウハウを持つ優秀な出所者と出会った。対話を続ける中で刑務所はこんな人材の宝庫ではないかと考えた。出所者の受け皿となる会社の必要性を痛感し、起業を決めた。この人もＨＨで働いている」

――なぜリサイクル業を？

「新規参入が難しいとされる半面、軌道に乗れば持続可能性が高い。当面は、廃材の再資源化や電線の〝皮むき〟が中心。企業には就労支援への協力として廃材の1割を買い取らせてもらっている。いずれは産廃の中間処理にも挑戦する」

――株式会社の狙いは？

「知人にもらったユヌス氏の本を読むと、彼のビジネス目的は利益の最大化ではなく、社会を脅かす貧困などの解決にあった。目からうろこでした。通常の株式会社は利益が出れば株主に相応の配当金を出すが、ＨＨは配当に重きは置かない。社会貢献できたこと自体を配当と考える。刑務所での受刑者1人の年間経費は300万円ほど。もし犯罪のない世の中に向かえば株主を含む社会全体の利益にもなる。現在約40の地場中小企業や個人が出資してくれており、感謝したい」

「来日したユヌス氏から『あなたのビジネスモデルが成功すれば世界に通じる』と言われた。その言葉が忘れられない。彼の理論を研究し、交流もある九州大学の岡田昌治教授にアドバイザーになってもらった」

――会社の現状は？

「役員2人を含めて社員は8人。出所者の雇用は初年に2人、2年目に4人、3年目に6人の計画。まだ最初の2人が決まっておらず、関係機関から紹介を受け面接する。就労期間は半年から1年で、その間に新たな進路を決めてもらう」

――将来の展望は？

「就労・宿泊場所の提供のほか、道徳や資格取得に向けた教育も行う。社員寮では各人が猫を飼い、相手を思いやる心を育む教育プログラムも準備した。ヒューマンハーバーを和訳すると人間の港。出所者が社会という大海原に出航する際の母港になりたい。100人の経営者を輩出することを志し、私が生きているうちに達成したい」

※そえじま・いさお　1941年に中国で生まれ、4歳で福岡県鞍手町に引き揚げる。同県立水産高校を卒業後、会社員を経て82年から福岡市で不動産会社を経営。96年から保護司を務める。

（2013年3月1日付朝刊より）

第**5**章

極　刑

ベールに包まれた世界

「秘密主義」の向こう側

死刑執行の日が決まった。冤罪を訴える死刑囚。駆けつけた妻と幼い娘は涙に暮れた。インタビューした新聞記者は無実を信じて事件の洗い直しに走るが、タイムリミットが迫る——。

クリント・イーストウッドが監督主演を務めた映画「トゥルー・クライム」（1999年）のあらすじである。実際、州によって異なるものの、米国では執行日が公表され、当日は被害者の遺族、死刑囚の家族が立ち会うこともある。

日本ではこうしたサスペンスは成り立たない。執行日が死刑囚に告知されるのは当日朝。事前に公表されることはないし、外部の人間が死刑囚と接触することも制限される。

刑事訴訟法は判決確定から6カ月以内の執行を定める。実際は執行まで平均7年。40年以上収監されている人もいる。どうやって執行が決まるのかもあいまいだ。「死刑囚の心情の安定」（法務省）を理由に、徹底した秘密主義が貫かれている。

「更生の可能性がない」と断じられて言い渡される極刑。だが、今や市民である裁判員が死刑か否かを決める時代である。厚いベールの向こう側に、私たちも無関心ではいられない。

（新聞掲載＝2013年3月28日～4月3日）

死刑をめぐる世界の情勢

ポンきち：海外の死刑制度はどういう状況なの？

記者：世界の5割の国が制度を廃止している。10年以上執行のない国を含めると、実質的な廃止国は7割になるよ。非政府組織（ＮＧＯ）「アムネスティ・インターナショナル日本」の統計では、２０１３年12月末時点で１９８カ国・地域のうち、全面廃止は98カ国・地域。１９９０年は46カ国・地域しかなかったけど、21世紀に入って廃止国が急増した。キリスト教の思想に加えて、犯人ではなかったという冤罪の発覚、政治の状況などさまざまな事情があるんだ。

ポンきち：死刑で冤罪《えんざい》があったの？

記者：英国の事例を見てみようか。49年にロンドンである殺人事件が起きた。娘を殺害したとして男性に死刑判決が言い渡されて、翌年に執行された。ところが、その後に真犯人が判明。死刑廃止の声が高まり、５年間の執行停止を経て69年に廃止されたよ。豆知識だけど、英国が加盟する欧州連合（ＥＵ）は、死刑廃止が加盟条件なんだ。

ポンきち：逆に死刑制度があるのはどんな国？

記者：アジアや中東、北アフリカに集中していて58カ国・地域ある。先進国では日本と米国だけ。米国でも年々廃止する州が増えて、今は50州のうち17州が廃止。制度のある33州でも、そのうちの7州は10年以上執行していない。世論調査で死刑存続を望む人が6～7割いる中で、廃止を前提にした死刑モラトリアム（執行停止）運動が広がっている。ＤＮＡ鑑定をもとに冤罪を晴らす「イノセンス・プロジェクト」の活動などによって、死刑確定後に１３０人以上の無罪が発覚した誤判の多さも影響しているね。

ポンきち：アジアでの状況は？

記者：お隣の韓国では97年12月を最後に執行はない。民主化運動の政治犯として死刑判決を受けたことがある金大中氏（故人）が大統領になった影響が大きい。同じように死刑囚となった経験のある国会議員は他にもいて、04年には死刑廃止法案が提出されたけれど、廃案になったよ。憲法裁判所は10年に「死刑は合憲」と判断しており、制度は続いているから死刑囚は増えている。凶悪事件が起きるたびに死刑復活を望む声も上がっている。

中国は詳しい情報を開示していないけれど、執行された人は年間数千人とも言われる。

ポンきち：日本の世論はどうなの？

記者：政府は国民の85・6％が死刑を容認していると説明している。これは09年の世論調査で「死刑は場合によってはやむを得ない」と回答した人が全体の85・6％、「どんな場合でも廃止すべき」が5.7％、「分からない」が8.6％との結果が出たからなんだ。ただ、設問はこの三つのみ。英国ＮＧＯの独自調査によれば、確かに死刑容認は8割近くだったものの、「絶対に存続させるべき」という積極派は4割だった。このＮＧＯは日本の調査は「設問が客観的ではない」と指摘。日本弁護士連合会も「設問が誘導的だ」と主張しているんだ。

「命の償い」の先に

白い便箋に端正な字が並んだ。「最高裁までいったら、母ちゃんがおらんようになってしまう。元気なうちに帰りたい」

極刑を言い渡された男は、福岡拘置所から熊本に住む母に便りをした。上告を取り下げ、死を選ぼうとしていた。自分が母より先に逝けば母は思い残すことなく逝ける。支援者にもそう伝えた。「頑張らないかん」と励ます母。「母ちゃん、分かって」と男は懇願した――。

男の名は松田幸則《ゆきのり》。茶畑が広がる熊本県の山深い集落で生を受けた。「子がため」「子がため」と口癖のように言う働き者夫婦の一人息子。2003年10月、同県宇城市の民家で男女2人を包丁で刺して殺害、現金約7万円と腕時計などを奪った。強盗殺人などの罪で死刑判決が下った。

「甘やかしすぎたんかもしれん。私と似てお人よしだったのに……」。母ちみ子(78)は福岡拘置所に出向き、面会を重ねた。「おなかいっぱい食べなさいよ」と弁当を差し入れた。末期がんを患う夫の治療費もあり、生活は苦しい。ろくに食べず、栄養失調で倒れた。

そんな折に届いた幸則の手紙。判決を被告自ら受け入れると、執行が早いとされる。ちみ子は悩み抜いた。自分が先立ったら息子は故郷に戻れないかもしれない。ふびんすぎる。「はよ死刑になった方がいい」と周囲に漏らすようになった。

何度目かのやりとり。ちみ子は筆を執った。「好きにしなさい」

09年春、死刑判決は確定。秋に夫が逝った。

朝、静まり返った福岡拘置所の執行室に幸則の声が響いた。「ごめんなさい」――。迷いを見せることなく、絞首台に立った。

同じころ、愛犬ジロが珍しくちみ子の手をかんだ。執行されたのだ、とちみ子は悟った。電話が鳴った。刑の確定から3年半たっていた。

ちみ子は拘置所に駆け付け、ひつぎのなかの幸則に会った。「やっと家に帰れるね」と顔をなでた。担当の刑務官らに丁寧にあいさつをしたという幸則の最期。「立派でした。模範囚でしたよ」と聞かされた。「この子は私の子ですけん」。冷たくなったわが子を前に涙が止めどなく流れた。

ジロの待つ自宅に帰り着くと、幸則から最後の手紙が届いていた。

「父ちゃんの骨壺《こつつぼ》に入れてほしい。墓に名前は書かんでほしい」

享年39。旅立ったのは夫の命日と同じ9月27日だった。

ちみ子は人目におびえ、1人で暮らす。「死刑囚の家族とは付き合えん」と言われた。自殺を考えたこともある。

幸則を失って初めての冬。冷え込みが厳しい日も、ちみ子は仏間のカーテンを開け放した。20メートルほど先に夫と息子が眠る墓が見える。

2人の住む世界が恋しい。「頑張って長生きして。いつも母ちゃんのそばにおるよ」。幸則の言葉を支えに生きている。時折、スーツ姿でほほ笑む遺影に語りかける。「幸ちゃん、寒かね」と、たわいないことを。

左足は神経痛で曲がらず、体調も思わしくない。被害者の墓参りもできない。せめて、と仏壇に被害者の名前を書いた紙を供え、この10年間、毎日、手を合わせてきた。

「罪深か人間だったですけん、私が一生背負っていかんばいかん」。息子に代わり、被害者のことを思う。

執行、遺族の心晴れず

春を告げる柔らかい朝日が降り注ぐ。線香が漂い、お経が響く。2013年2月16日朝、熊本県宇城《うき》市。元死刑囚松田幸則に命を奪われた三浦隆雄（享年54）の実家では、月命日の法要が営まれていた。

高台に足を延ばすと、三浦家の墓がある。「三浦隆雄」と「木下啓子」と刻まれている。隆雄と夫婦同然に暮らし、ともに亡くなった啓子（享年54）が寄り添う。墓の眼下には、穏やかな海が広がっていた。

隆雄の弟隆博（60）は事件の一報を受け、同県旧松橋町（現・宇城市）の事件現場に出向いた。03年10月16日。隆雄と啓子のすみかは血の海になっていた。隆雄は廊下でボクサーが防御するような格好で絶命。啓子はトイレ近くで倒れていた。「警察に顔ば確認してくれって言われたけど、血まみれで……」

隆雄は、おいやめいをかわいがった。啓子の孫の成長を喜び、日記につづった。啓子は、隆雄の両親をよく世話した。

犯人はどんなやつか。隆博は、松田の実家周辺で聞き込みをした。熊本地裁、福岡高裁と裁判に足を運んだ。起訴内容を争う松田はふてぶてしく思えた。「こっちは2人も亡くなっとる。償いばしてもらわんと」。極刑を求めた。

09年春、松田が上告を取り下げたと検察から知らされた。母セツ子は他界したが、父勝喜は健在だった。「親が生きとるうちに」執行を、と願った。「まだか、まだか」と。

「執行されたごとある」。12年9月27日、仕事先で電話を受けた。帰宅後、法相滝実の記者会見をテレビで見た。死刑に関する本を読み、判決が確定しても何年も執行されない死刑囚がいると知っていた。松田の場合、確定から3年半。「早かったなぁ」と口をついた。

「良かったね」「おめでとう」。そう声を掛けてくれる人もいた。待ちわびた一報のはず。でも、隆博の心は晴れなかった。「すっきりじゃなかばってん……」。妻裕子（59）も複雑だった。この日、家族みなが無口になった。

しばらくして、隆博は啓子の息子と酒を飲んだ。「早かったなぁ」。2人はただ静かに杯を傾けた。

13年の正月、三浦家は親戚が集まる恒例のお年玉交換大会で盛り上がった。ふと、38歳になる隆博の息子が語りだした。「正月はようスケートに連れて行ってもらったね」。隆雄の思い出話に花が咲いた。

隆雄と啓子が生きていれば、10年前と同じように一緒に笑っていただろう。両親も2人を追うように逝った。事件現場となった家はもうない。「何もかも変わってしまった」。裕子は目を潤ませる。

隆博は近頃、松田のことを考えなくなった。「ずーっと拘置所で生きていたら、許せんって気持ちが出てきて頭から離れんけど」。死刑執行は一つの区切りになったと感じている。

裕子は少し違う。死刑執行も犯罪も「人を殺すのは一緒。隆雄さんが戻るわけじゃない」。「あの人も被害者かもしれない」。松田の母ちみ子（78）にも思いをはせる。

被害者と加害者。それぞれの遺族に歳月が流れた。裕子は思う。

「みんなが苦しんだんだ」と。

靴音が教える執行日——告知

東京・小菅の東京拘置所。10畳ほどの部屋に、死刑囚とその妻がいた。

「あの子がね、だんだんあなたに似てきたの……」。机の上で夫の手を握りしめて30分、うつむいて泣き続けた妻は、最後に声を振り絞った。

男は言った。「罪を犯したので死刑になるのは当然。先に行って待っているから悲しまないでほしい」。見守る刑務官も目を潤ませた——。

1971年の冬のことだ。神戸市で法律事務所を構える弁護士野口善國（66）は当時、刑務官としてその場にいた。

男は強盗殺人罪に問われ、一審で死刑判決を受けると控訴せず刑が確定した。執行は前日に告げられ、電報を受けた妻とおじがその日のうちに駆けつけた。

翌朝。野口が男を伴って刑場に入ると、所長など拘置所の幹部が整列していた。仏壇を前に最後のお勤めが済み、男は所長に言った。

「最後に一つお願いしてもいいでしょうか」

「何だ」

「お世話になった皆さんと握手がしたいです」

男はその場にいた刑務官たちと握手を交わした。「決まりだから、いくぞ」。幹部の声とともに男は目隠しをされ、後ろ手に手錠がかけられた。

刑場内を仕切っていたカーテンがすーっと開いた。天井から垂れるロープと輪っか。ガラス張りの部屋が別にあり、刑務官3人が三つの執行レバーを前に立っていた。誰が最期の引き金を引いたか分からないようにする配慮である。

男の首に輪っかがかけられる。幹部がガラスの部屋に向かって黙って手を上げると、一斉にレバーが引かれた。

バン――。赤色のラインで1メートル四方に区画された床が開き、男の身体は落ちた。「床が一瞬、跳ね上がったように感じた」と野口。目隠しからわずか30秒ほどだった。

ロープは左右に1メートルほど振れ、男の身体も揺れ動いた。野口はとっさに駆け寄った。握りしめたロープは硬く、男の重みが両腕に伝わった。

ポコッ、ポコッ……。足元の床下をのぞくと、医師によってはだけさせられた男の胸が脈打っていた。「まだ助かるんやないか」。鼓動が聞こえる気がした。「今ならまだ……」。もう何も考えられなくなった。

5分はたっただろうか。男の胸に聴診器を当てていた医師が、死を告げた。

絞首刑という方法は今も変わらない。ただ、今は当日の朝、本人だけに執行が伝えられる。福岡拘置所で75年、前日に告知を受けた死刑囚が自殺したからだ。カミソリで手首を切った死刑囚の隣の舎房に、後に再審無罪となる免田栄（87）＝福岡県大牟田市＝がいた。

当日の告知になってから、死刑囚たちは毎朝、舎房の廊下を歩く刑務官の靴音に全神経を集中させるようになった。「平日、朝食後の朝8時半から1時間は針一本落としても聞こえるくらい静かになる」。刑務官の「運動よーい（用意）」という掛け声で張り詰めた空気が解ける。それは執行がないことを意味する。

免田は何人もの死刑囚を見送った。「刑務官も人間。死刑囚を連れて行くときの表情は真っ青で、ろう人形みたいやった」

執行役の刑務官は心身ともに健康な人が選ばれ、その後公休を取る。執行に関わったことを家族に言わない人も多いという。

生存をかけて闘う40年――再　審

刑場に連れてこられた死刑囚の顔はこわばっていた。刑務官は手順に従い、氏名を確認しようとした。

「そんなこと、おまえが分かっとるだろ」

怒りをあらわにした。最期に何か書き留めるならと、用意された紙とペンも受け取らなかった。そして、顔を真っ赤にして怒鳴った。

「私はやってない」

2008年10月28日の朝。福岡拘置所で、久間三千年《みちとし》（享年70）の刑は執行された。1992年、福岡県飯塚市で小学1年の女の子2人が殺害された事件で死刑が確定した。取り調べ段階から一貫して無罪を主張した久間。最期まで何度も叫んだという。

「やっていない。私はやってないんだ」

死刑執行後、久間の遺族が再審を請求している。

死刑囚のなかには、冤罪を訴えて闘い続ける者もいる。これまでに死刑囚4人が再審無罪となった。

刑事訴訟法は死刑確定から6カ月以内の執行を定めるが、再審請求の期間は含まないとする。請求中は執行される可能性が極めて低い。棄却されても、請求を繰り返す死刑囚は少なくない。

尾田信夫（66）もその1人。死刑囚として、43回目の春を福岡拘置所で迎えた。

知人の少年と共謀し福岡市の電器店で店員2人をハンマーで殴り現金22万円を奪った。逃走時にストーブを蹴り倒して放火した。店員1人が死亡した――。66年に起きたマルヨ無線強盗殺人放火事件で、尾田の死刑は確定した。70年のことだ。

現在、日本弁護士連合会の支援を受けて第6次再審請求中。尾田は強盗殺人は認めつつ「放火はしていない」と訴える。犯行時20歳という年齢、死傷者の数を当時の量刑基準に照らすと、放火がなければ死刑ではなかった可能性がある。

第4次再審請求まで、尾田は弁護士の手を借りなかった。収監されて以来、舎房に専門書を取り寄せ、全くの独学で法律を学んだ。裁判所に提出する書面を自ら書き、弁護士が作った書面に訂正を求めることも。

「彼の法律知識は弁護士レベル」。再審弁護人を35年以上務める福岡市の弁護士上田國廣（65）は驚嘆する。

尾田にあきらめる気配はないという。「20歳すぎから、死が明日来てもおかしくない状況で生きてきた。再審は彼の生存に向けた闘いなんだ」

《被害者に土下座や死（刑）囚春時雨》
《雪冤《せつえん》を遂げずに真の春は来ず》
尾田は俳句を詠む。上田に届く面会のお礼状、年賀状や暑中見舞いに丁寧な文字で数句ずつ添えられている。尾田の目に映る景色は変わらない。気温差で感じる季節の移ろい、罪への悔悟、再審への決意が句ににじむ。

「命をすり減らしながら作ったものを誰かに読んでほしいのでしょう」と上田。いつしか上田の事務所の棚の一角は、尾田の裁判記録と私信を収めた100冊以上のファイルで埋め尽くされた。再審請求中ゆえ執行はないと思っていても、「ひょっとして」と上田の胸は騒ぐ。記者から氏名不詳の死刑執行を伝えられ、拘置所に走ったこともある。「面会できて、初めてほっとした」

上田が尾田と出会ったのは30代。同世代、互いに古稀も近づく。

ぬくもりを感じたい――孤　独

「歴史が好きなんだってね」。たわいない話題を僧侶は選んだつもりだった。死刑囚は答えた。

「歴史の本をよく読むんです。私たちに未来はない。だから過去のことを……」

僧侶は教誨師《きょうかいし》である。仏壇や聖書の置かれた教誨室と呼ばれる拘置所の一室で、希望する死刑囚と面会する。「心情の安定」を目的に、仏教やキリスト教などの宗教者がボランティアで引き受ける。

「積もりに積もった言葉を投げかけてくる。話を聞いてもらうことが、唯一の楽しみなのかもしれません」

カトリック司祭の滝川靖之＝仮名＝は教誨師として10年以上、拘置所に通う。月に1度、1人につき1時間ほど。死刑囚はせきを切ったようにしゃべり始めるという。

天気の話。食事のこと。犯した罪について涙ながらに語る者もいる。滝川は当初、宗教の教えを説こうとしたが、ただ耳を傾けることが多くなった。「それだけ独りぼっちで過ごしているということです」


刑が確定した死刑囚は許可されたごく少数の親族や弁護士以外、面会や手紙のやりとりを厳しく制限される。食事や運動、1日のほとんどを独りで過ごす。

1970年代までは緩やかだった。死刑囚たちは風呂に一緒に入った。83年に再審無罪となるまで拘置所で34年過ごした免田栄(87)=福岡県大牟田市=は、ユニホームをつくり、死刑囚同士で野球をしたという。

「再審に向け、裁判記録の書き写しを手伝ってくれた者もいた。「仲間がおると思ってうれしかったですよ」と免田。宗教者の話も数人ずつで耳を傾けた。熱心なキリスト教徒の死刑囚とグループをつくり、毎朝祈りをささげた。

そうした集団行動は、今日では「心情の安定」につながらないとして認められない。教誨師は次の面会予定日すら言えない。規則正しい生活を送る中、予定が変更されれば死刑執行への不安を駆り立ててしまうから、との配慮だという。

親族にも見放される者は少なくない。孤独に耐えかねて精神を病む者もいる。

いつのことだったか。片瀬陽子＝仮名＝のもとに旧知の死刑囚から手紙が届いた。「関東にいる娘を捜してほしい」

「人のぬくもりを感じて他人を思いやれるようになってこそ、罪とも向き合える」と信じ、一市民として長年複数の死刑囚と文通する片瀬は直感した。「娘に成り代わって文通してほしいのだ」と。当時、この死刑囚と交流のあるのは片瀬ただ一人だった。

以来、片瀬は「娘」として便りを書く。筆跡が分からないようにパソコンで。好きなプロ野球、季節の話題……。死刑囚が返信につづる内容は変われど、いつも同じ言葉で結ばれる。「お父さんより」——。

最近は返信の文字がゆがむようになった。確実に年を重ねている、と胸が痛い。「彼も、私が娘さんを演じているのは分かっている。それでも、家族を味わうことが小さな希望になればいい」

片瀬はかつて、ある拘置所から死刑囚との文通を突然断られた。「あなたが実在するかどうか分からない」と言われた。所長が交代し、やりとりが厳しくなることもある。死刑囚と社会をつなぐ糸は、か細い。

生死の境界はどこに——求刑

検察庁の会議室に検察官が集まった。議題は「求刑」をどうするか。

被告は法廷で「死刑を希望します」と明言していた。「死刑を求刑したい」と公判担当者。若手から順に意見を言った。「死刑が妥当です」「死刑でしょう」「死刑」

最後に高検検事長の番になった。「こいつは更生の可能性がゼロじゃないよ。無期だ」

鶴の一声に部屋は静まり返った。結局、無期懲役を求刑することに決まった。

地裁の法廷で判決を言い渡すのは裁判官と市民による裁判員。ただ、死刑求刑に対して無期懲役の判決が出ることはあっても、無期求刑に対して死刑判決が出ることはほぼない。それだけに、求刑は重い。

被害者数、犯行の計画性、遺族の処罰感情、他の事件との比較……。さまざまな要素を検討し、重い求刑に際しては上級庁である高検検事長の決裁を受ける。

「死刑求刑事件にするんだから、もっと証拠をきちっと集めろ」

弁護士の牧野忠は福岡高検公安部長を務めていたとき、地検にこうハッパを掛けたことがある。被害者は1人。暴力団組員だった被告に更生の可能性を感じることはできなかった。

一審は求刑通り死刑判決。二審は被告の態度から更生の可能性があると判断、一審判決を破棄して無期懲役とした。

同じく被害者1人で、遺体を切断して排水口に流した事件を担当したときは、牧野は無期懲役を主張した。

「何年も検察官生活をしてきた職業人として判断する。感覚の問題だ」

更生の可能性を見極めるのは難しい。刑事司法の場では被害者の数が一つの目安となる。「人の命は絶対に回復できないから」と牧野。死刑適用の基準とされる永山最高裁判決（１９８３年）にも例示される。

それでもはっきりしない。

日弁連は１９８０年代半ば以降の20年を対象に、死刑判決と、死刑求刑で無期判決が出た事件、無期求刑された事件について、犯行態様、被害者数と量刑の関係を分析した。

被害者１人で死刑確定が13件ある一方、被害者が３人以上での無期判決も10件あった。被害者２人で強盗殺人罪に問われた事件では、死刑判決、無期判決はそれぞれ21件ずつだった。

日弁連は報告書で指摘した。「裁判官の世界観など主観的側面に左右されている」「死刑と無期の境界を客観的に見いだすことはできない」

検察官は執行にも立ち会う。法相の命令に従い、執行を指揮する立場である。未経験者から、くじで順番を決める。

くじが当たった西日本のベテラン検察官は「一生忘れない」と言う。「見たくない」。同行した事務官は執行の場面で目を背けた。庁舎に戻ると清めの塩が待っていた。「ご苦労さま。飲みに行こうか」。この上司は立ち会った経験はない。

「国家による殺人、と言われればそうかもしれない。でも遺族を思い出すと間違っていない。刑罰は行為責任なんだ」

それでも、自分が取り調べを担当した死刑囚の執行には立ち会いたくない、と明かした。「いくら悪人だって情が移る。検事だって、死んでいいんだなんて思ってないんだよ」

大臣の職責を背負い——署名

普段は職員や来訪者でざわつく建物も、土曜日はひっそりとしている。

東京・霞が関の法務省が入居する合同庁舎。うだるような暑さとなった2010年7月24日、千葉景子（64）は19階の法務大臣室にいた。

政権与党・民主党が惨敗した参院選から2週間近く過ぎていた。千葉も落選した。まもなく参院議員の任期が切れる。

「ついにここまで来たんだ」——。千葉はペンをとって机の上にある書面に署名した。受け取った官僚は退室した。

死刑囚2人の執行を命じた瞬間だった。

09年9月。超党派の「死刑廃止を推進する議員連盟」の有力メンバーだった千葉の法相就任は注目を集めた。

死刑執行の署名をするかどうか。記者会見で質問が相次いだ。千葉は胸中を明かさなかった。

実は就任からほどなく、官僚を退席させた席で副大臣たちに打ち明けていた。「大臣を引き受けた以上はどっかで決断せざるを得ないと思う」

廃止すべきだという信念は変わらない。けれど、弁護士という立場もあり、法が定める大臣の職責も意識せざるを得なかった。署名せずに任期を終えても、次の大臣が執行を再開すれば自分が満足するだけではないか。

その年の暮れ、官僚から死刑執行候補者について初めて説明を受けた。以来、何カ月もかけて記録や判決文を読み込んだ。被害者の遺体の写真も見た。官僚から催促はなかった。

落選で気持ちがなえたのもつかの間、首相（当時）の菅直人から続投を指示された。すぐに法務省幹部を集めた。「準備してください」。死刑制度に関する勉強会の設置も指示した。議論に一石を投じたかった。

署名から4日後。東京拘置所で2人の死刑が執行された。

懲役刑と異なり、死刑は法務大臣の命令がないと執行されない。大臣が署名すると「死刑執行命令書」という文書が検察庁に送られ、執行に向けた手続きが動きだす。

07年8月から1年間法相を務めた鳩山邦夫（64）は1980年代以降最多となる13人の執行を命じた。「おもちゃ箱をひっくり返すような騒ぎになります」。そんな官僚の制止を振り切り、記者会見で執行を「ベルトコンベヤー」になぞらえて物議を醸した。

幼女4人連続誘拐殺人事件の宮崎勤（享年45）については、執行を検討するよう自ら指示し、署名した。「執行は正義。世間を震撼《しんかん》させた割合が大きいものは、早く執行すべきだと考えた」

あれから5年。刑罰を応報刑とみる鳩山は「もっと執行すべきだった」と考える。「人の命を絶ったのだから」と、執行した13人のために毎朝、自宅の不動明王像に手を合わせているという。

千葉は歴代法相で初めて執行の一部始終に立ち会った。本人に執行を告げる拘置所長のそばにも立った。「普通の死とは違う、無機質なものでした」

廃止派による執行は「変節」と批判も浴びた。後悔はしていない。「だけど、いろんなものを背負い込んだ感じね」

執行した死刑囚の氏名や執行場所を逐次公表するようになったのは鳩山以来。千葉は東京拘置所の刑場を報道機関に公開した。執行だけでなく、情報公開も大臣の姿勢によって左右される。

見つめ直すことから――政　治

官僚が用意した想定問答のペーパーに目をやることもなかった。

2005年10月31日深夜、法相就任後初めての記者会見。死刑執行への姿勢を問われ、杉浦正健(78)はとっさに「サインしません」と答えた。

「私の心の問題というか、宗教の問題というか、哲学の問題……」

議員宿舎に戻ると記者団が待ち構えていた。「大臣の発言、1面トップ級ですよ」

杉浦は死刑制度に否定的な真宗大谷派の信徒。弁護士である。とはいえ熱心な死刑廃止論者だったわけではない。当時、国会議員になって20年。「最初は地元の道路とか、立ち遅れた故郷のことに一生懸命だった」

脳裏には「おばあちゃん」の存在があった。貧しい幼少時、蚊やハエを殺したり、米粒を一つでも残したりすると「動物や植物にも命はある。命をいただいているんだよ」と戒められた。

署名したら人の命を奪うことになる――。反響の大きさから発言はすぐに撤回したものの、杉浦は迷った末、任期中一度も執行しなかった。

振り返ると、法相就任まで死刑について真剣に考えたことがなかった。「死刑は政治のテーマじゃなかった」

永田町で死刑の問題が真っ正面から取り上げられることは少ない。

裁判員制度導入を控えた08年、「終身刑」創設を目指す議員立法の動きがあった。「市民から見て死刑と無期懲役のギャップが大きすぎる」と元首相森喜朗ら与野党の大物議員が声を上げた。死刑存置派、廃止派が結集し死刑を含めた刑罰論議の突破口になると注目されたが、立ち消えになった。

千葉景子が法相時代に設置した死刑制度に関する勉強会も、明確な結論は出ないまま。有識者会議をつくる動きもあったが実現していない。

09年の内閣府世論調査では「場合によっては死刑もやむを得ない」と答えた人が8割超。杉浦も支持者から「見損なった」「なぜ執行しないのか」と言われた。

「死刑は票にならない」と法相経験者は話す。

「主文。被告人を死刑に処す」。裁判長の言い渡しを聞きながら、裁判員を務めた40代の男性は複雑な気持ちだった。

判決後、疲れ果て発熱した。被告の行為は許せない。遺体の写真を忘れられない。一方、法廷で泣き崩れた被告の両親の姿もまぶたに残る。

「裁判員裁判でも死刑は支持されている」。12年3月、1年8カ月ぶりに死刑を執行した当時の法相の発言を聞いたとき「おかしい」と思った。「僕たちは死刑を無条件に支持したわけじゃない。制度があり、死刑かどうかを選択しなければならなかっただけなのに」

死刑制度を維持するのか、廃止を目指すのか。刑罰とは何か。簡単に結論は出ない。個々人の死生観や哲学が問われる。

ただ、政治が手をこまねいている間に、市民は裁きの場で、更生の可能性がないと断じる死刑と向き合い始めている。存廃論議の前に、精度が低い時代に確定した死刑囚のDNA再鑑定のルール化、執行の告知方法、不透明な執行順や処遇など見つめ直すべき点は多い。

政治から身を引いた杉浦は日本弁護士連合会の死刑廃止検討委員会の顧問に就いた。政界とのパイプ役だ。「死刑の問題は国のあり方、根本に関わる」。永田町を歩きながら、政治の責任の重さを自問している。

（敬称略）

※久間三千年元死刑囚の遺族による再審請求は、2014年3月31日、福岡地裁が棄却。遺族は福岡高裁に即時抗告した。

インタビュー

窮屈な世間の克服を

九州工業大学教授　佐藤直樹さん

世間——。日本最古の歌集である万葉集にも出てくる言葉という。「世間知らず」などと日常的に口にするが、欧米には存在しないらしい。専門は刑事法ながら「世間学」という独自の視点から世の中を見つめてきた。

最近驚いたことの一つに、2013年4月の米ボストン連続爆破テロがある。

「ロシアに住む容疑者兄弟の母親が、メディアの取材に『容疑はFBI（連邦捜査局）のでっち上げだ』と米国を批判した。欧米では親が子を守るのは当然。でも、日本人が言ったら世間はどうでしょう」

「1998年に米アーカンソー州の高校で起きた銃乱射事件で、加害少年の親のもとに全米から段ボール2箱分の手紙が届いた。すべて家族を激励する内容だったそうです。日本なら脅迫でしょう。加害者家族も村八分的にたたかれ、謝罪を要求される。世間に江戸時代の連座責任や、かつての『家』制度の考え方が残っているからです」

学生のころから、ドイツから〝輸入〟した刑法の考え方と、法や人権より世間のルールが優先される日本の現実とのずれを感じてきた。

「世間の掟《おきて》の一つに呪術性がある。犯罪行為は法律違反というより、共同体を毀損《きそん》する行為、穢《けが》れと受け止められる。98年に起きた和歌山毒物カレー事件の死刑囚の自宅は落書きされ、放火されて、今では公園になりました。加害者本人や家族だけでなく、家まで穢れとみなされ〝処罰〟の対象となるわけです」


世間の存在はマイナスばかりではない。東日本大震災では、暴動も略奪もなく整然と過ごす被災者たちの姿に、外国メディアは驚嘆した。

「先進国では近代化が進んで共同体が解体し、隣人が何をやっているのか分からなくなり、犯罪も増えた。だが日本では犯罪は増えておらず、むしろ殺人の発生率は下がっている。世間に細かなルールがあり、守らないとつまはじきにされてしまう。その怖さが犯罪抑止力となっている」

「ただ『強い個人』を求める新自由主義が入ってきた98年以降、年功序列といった日本型雇用が崩れ、『みんな同じ』がルールだった世間がアレルギー反応を起こしている。犯罪は減っているのに刑法や少年法の厳罰化が進んだり、服役を終えた人間を今まで以上に徹底的に排除したり。世間のルールを強化する方向に動いてますね」


教室で接する学生たちの変化が気になる。

「生活保護の問題でも、働かないから貧乏なんだという自己責任論が浸透している。罪を犯せば死刑だ、というような厳罰化の考え方も強い。しかも、ネットというツールも登場して同調圧力が強まっている。この息苦しさが、他の先進国に比べて自殺率が高いことにもつながっている」

「KYって言葉あるでしょ。空気を読めない、と。窮屈ですよね。まずは自分が世間にがんじがらめになっていることを自覚する。そうしないと、世間は変わらないんじゃないかな」

さとう・なおき　1951年、仙台市生まれ。専攻は刑事法学、世間学、現象学。九州大学大学院博士後期課程修了。99年の「日本世間学会」創立に初代代表幹事として参画。『なぜ日本人は世間と寝たがるのか』、『刑法39条はもういらない』、『暴走する「世間」』など著書多数。福岡県福岡市在住。

（2013年9月28日掲載）

キーワード

死刑の歴史●絞首刑は奈良時代の法典「大宝律令」で採用されたとされるが、武士の世の到来とともに廃れ、明治期に施行された旧刑法で復活した。江戸時代は打ち首や火あぶりなど種々の方法があった。絞首刑について、憲法36条で禁じる「残虐な刑罰」に当たるという問題提起もあるが、最高裁は合憲としている。２０１１年、パチンコ店放火殺人事件に関する大阪地裁の裁判員裁判も絞首刑を合憲と判断した。市民の意見を反映した初の司法判断となり、死刑の是非をめぐる議論に一石を投じた。

死刑囚の1日●生活の中心は3畳ほどの単独室。便器と洗面設備があり、窓の大半は曇りガラスやよろい戸で覆われて視界が遮られている。布団で寝起きし、起床は午前7時、就寝は午後9時。一般の受刑者と異なり髪形や服装はルール化されず、望まない限り刑務作業は課されない。死刑死刑囚同士の交流は禁じられ、舎房で1人で食事をする。入浴は週2～3回、運動は1日30分で、他のの収容者と分けてする。拘置所が用意した映画一覧から選んでビデオを見る機会もある。

死刑囚と再審請求●刑事事件では判決確定後に争うことは原則認められないが、著しい事実誤認があれば再審を請求できる。証拠の新規性や明白性が厳しく問われる。１９４８年に東京で12人が毒殺された帝銀事件の平沢貞通死刑囚は再審請求を繰り返した末、95歳で病死した。尾田信夫死刑囚は全国の死刑囚のなかで収監期間が最も長い。米国の多くの州は刑確定後もＤＮＡ試料を保存し、再審手続きに活用できる。日本にこうしたルールはない。

死刑囚の接見交通権●勾留中でも刑が確定していなければ、回数などに制限はあるものの自由に手紙を出し、面会できる。確定後はあらかじめ拘置所に申請して許可された親族や弁護士以外との交流はできない。手紙は検閲を受け、面会には通常刑務官が立ち会う。弁護士などには「再審請求の打ち合わせ内容が国に筒抜けになる」と問題視する声もある。広島高裁は２０１２年1月、立ち会いなしで死刑囚と弁護士の面会を認める判決を出し「死刑確定者でも弁護人と秘密に打ち合わせる利益は正当」とした。

死刑が適用される罪●刑法は殺人など12罪、特別法は人質殺害など7罪で適用。外国と共謀して日本に武力行使をさせる外患誘致罪は死刑のみを規定。２０１２年犯罪白書によると過去10年、一審の死刑判決は殺人と強盗致死のみ。11年に両罪が問われた事件の99％は死刑以外の判決が出た。永山則夫元死刑囚に対する最高裁判決（１９８３年）は、犯行の罪質、結果の重大性（殺害被害者の数）、年齢など九つの事情を挙げ「やむを得ない場合は死刑選択も許される」とした。死刑判決の大半がこれを引用する。

歴代法相の死刑執行●戦後最長の空白期（3年4カ月）を経て1993年に後藤田正晴氏が執行を再開。2010年の千葉景子氏まで毎年続いた。11年はゼロ、12年7人、13年は8人。執行数の多い順に鳩山邦夫氏の13人、長勢甚遠氏10人、森英介氏9人と続く。千葉氏が設置した死刑制度に関する勉強会は小川敏夫氏が廃止。現職の谷垣禎一氏は「現時点では死刑制度を見直す必要はない」とする。98年に中村正三郎氏が執行事実と人数を当日発表するまでは、矯正統計年報に前年の執行数が載るだけだった。

国連の勧告●国連総会は2012年12月、死刑存置国に対し、死刑制度廃止を視野に執行停止を求める決議案を欧州やフィリピンなど過去最多111カ国の賛成で採択した。反対は日本や米国、中国、北朝鮮など41カ国。韓国など34カ国が棄権した。決議に拘束力はないが「冤罪で執行されれば取り返しがつかない」と指摘した。決議は07年以降4度目。賛成国は増えている。国連規約人権委員会も「世論と関係なく制度廃止を前向きに検討すべきだ」。国連機関は複数回、日本に勧告している。

死刑制度に関する最高裁判決●１９４６年、母と妹を殺害したとして殺人罪に問われた男の裁判で死刑制度が憲法違反かどうかが争われ、最高裁大法廷は48年3月、合憲と判断した。「一人の生命は、全地球より重い」とした上で「何人も、法律の定める手続によらなければその生命若しくは自由を奪はれ、又はその他の刑罰を科せられない」とした憲法31条を根拠に「社会公共の福祉」のために法律に基づく死刑制度は是認されているとした。死刑の目的については「死刑の威嚇力によって一般予防をなし、死刑の執行によって特殊な社会悪の根元を絶ち、これをもって社会を防衛せんとしたもの」として犯罪抑止効果を挙げた。犯した罪に見合うだけの罰を科すという応報の考え方には触れていない。裁判官４人による補充意見は「（憲法は）死刑を永久に是認したものとは考えられない」とし、死刑が残虐かどうかは国民感情次第で、時代とともに変遷すると指摘している。

関連記事

心の叫び　肉筆に込め／「死んで償う」「再審を」／死刑囚アンケート

確定死刑囚は外部との面会や手紙のやりとりが厳しく制限され、その声が塀の外に伝わることはほとんどない。執行を待ちながら、閉ざされた空間で何を考えているのか。超党派でつくる「死刑廃止を推進する議員連盟」副会長の福島瑞穂参院議員が２０１２年９～11月、全国の確定死刑囚を対象に行ったアンケート（１３３人に送付、このうち78人が回答）から肉筆を紹介する。

〈やはり、私が死んで謝罪をするしかないと思っています〉

犯行に関わった親子４人全員の死刑判決が確定した福岡県大牟田市の４人殺害事件で、母親の北村真美死刑囚（53）が寄せた言葉だ。死刑制度の賛否を問われると、〈私は賛成とも反対とも言えません。……４人もの人の命を考えれば仕方ないのかと思うが、叶《かな》うものならば生きて償い祈りたい〉と回答。小鳥が十字架のネックレスをくわえて羽ばたくイラストを添えた。

〈申し訳ない気持はまったく変わっていません。いまだに遺族は悲しみの淵《ふち》に沈んだままだと思いますが、仏の加護のあることを願いながら、教誨師と共に月二回の読経をしています〉（大阪相場師ら2人強盗殺人、岡本〈旧姓・河村〉啓三死刑囚（54））

アンケートでは被害者に対する謝罪や犯行を悔いる内容が多いが、判決への部分的な異議を含めて46人が再審を請求し、13人が請求を検討中。少なくとも10人が全面的な「無罪」を訴えた。〈一に再審、二に再審、三四に再審、五に再審です〉（埼玉愛犬家ら連続殺害、風間博子死刑囚（56））

絞首刑という執行方法については回答者の6割近い44人が見直しを訴えた。薬物注射を望む回答が25人で最多だった。〈自ら薬物注射を打つか、自らそのスイッチを押す〉（オウム真理教による坂本弁護士一家殺害など、宮前〈旧姓・岡崎〉一明死刑囚（52））。日頃接する刑務官の負担軽減も理由に挙がった。

当日の朝に突然伝えられる執行について、6割を超える51人が事前通知を希望した。前日から1週間前までの通知を望む声が24人に上り、1カ月前との回答も9人あった。複数が親族や支援者との別れの機会を得たいことを理由に挙げた。

一方、4人は告知不要とした。〈事前に知らされるとその間、耐えがたいと思われるので〉（オウム真理教による坂本弁護士一家殺害など、早川紀代秀死刑囚（63））

面会や文通が厳しく制限されることについては8割近い60人が緩和を望んだ。〈生きながらにして周囲の人達や世に忘れられていくという現実（現状）が、はるかに辛《つら》いです〉（岡山県の大学生ら2

人生き埋め、小林竜司死刑囚（28）

拘置所では自分と向き合う時間は十分ある。大牟田市4人殺害事件の長男、北村孝死刑囚（32）はこう記述した。〈自分が3食毎日食べていいのか!?　震災から1年7ケ月以上が経《た》ったけど被災地の人達は食事出来ているのかと思うと……〉

実施の経緯　アンケートは福島瑞穂氏が法務省の承諾を得て実施した。A3用紙2枚分に質問項目と回答欄を設け、全国7カ所の拘置所に収監中の確定死刑囚（当時）すべてに送付した。質問は①再審請求の有無②面会や文通、医療面への意見③被害者への思い④死刑制度への賛否⑤執行の事前通知を希望するか⑥絞首刑である執行方法をどう考えるか——など。同様の調査は2008、11年にも行ったが、④〜⑥を聞いたのは初めて。

※アンケートは死刑囚が書いた原文のまま。アンケートを行った福島瑞穂参院議員事務所の承諾を得て掲載した。原文の呼称は略した。

（2013年3月28日付朝刊より）

■被害者への気持ち、伝えたいこと

2004年／福岡県大牟田市母子ら4人殺害事件
北村真美（53）
2011年確定

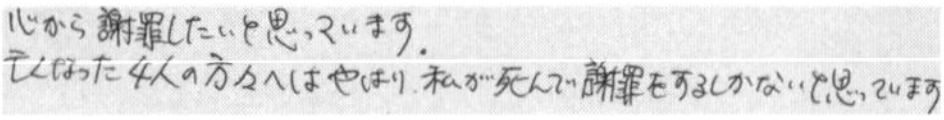
心から謝罪したいと思っています。
亡くなった4人の方々へはやはり、私が死んで謝罪をするしかないと思っています

1993年／埼玉愛犬家ら連続殺害事件
関根　元（71）
2009年確定

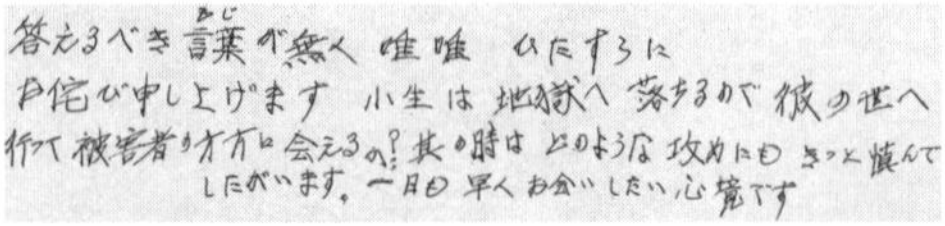
答えるべき言葉《あじ》が無く唯唯ひたすらに
お侘び申し上げます 小生は地獄へ落ちるかで彼の世へ
行って被害者の方々に会えるの?! 其の時はどのような攻めにもきっと慎んで
したがいます。一日も早くお会いしたい心境です

1979年／熊本県免田町の主婦殺害事件（無罪主張）
金川　一（62）
1990年確定

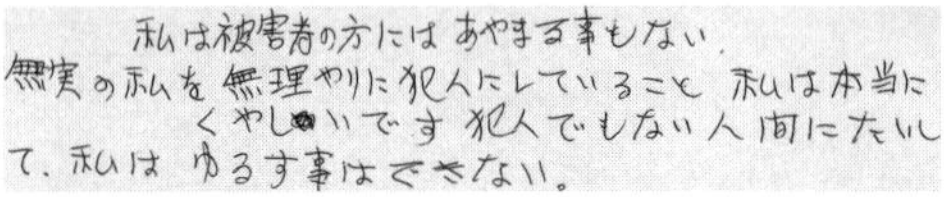
私は被害者の方にはあやまる事もない。
無実の私を無理やりに犯人にしていること 私は本当に
くやしいです 犯人でもない人间にたいし
て、私はゆるす事はできない。

2001年／神奈川2人強盗殺人事件
庄子幸一（58）
2007年確定

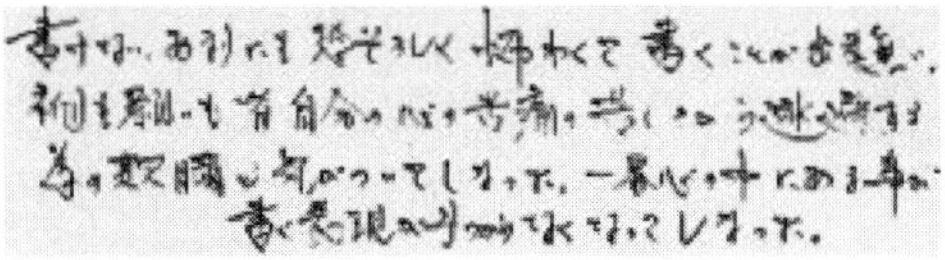
書けない、あらためて恐ろしく怖くて書くことが出来ない。
[illegible]
[illegible] 一番心の中にある事が
書く表現が見つからなくなってしまった。

■拘置所の舎房、処遇について

2002年／マブチモーター社長宅放火殺人事件など
小田島鉄男（69）
2007年確定

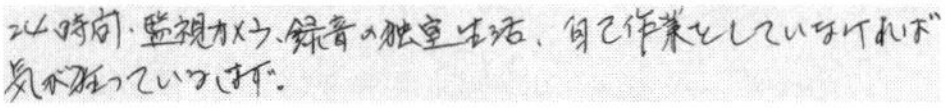
24時間・監視カメラ・録音の独房生活、自で作業をしていなければ
気が狂ってしまいます。

1995年／オウム真理教による地下鉄サリン事件など
井上嘉浩（43）
2010年確定

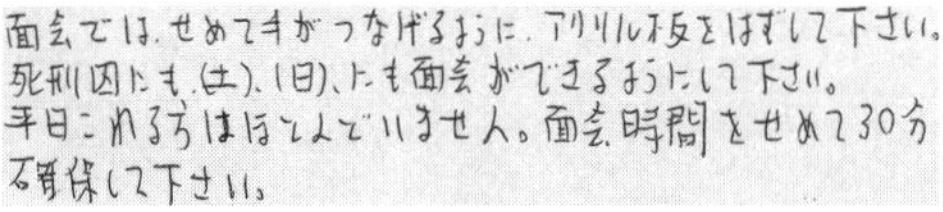
面会では、せめて手がつなげるように、アクリル板をはずして下さい。
死刑囚にも（土）、（日）、にも面会ができるようにして下さい。
平日これる方はほとんどいません。面会時間をせめて30分
確保して下さい。

1996〜97年／宮崎女性2人強盗殺人事件
石川恵子（55）
2006年確定

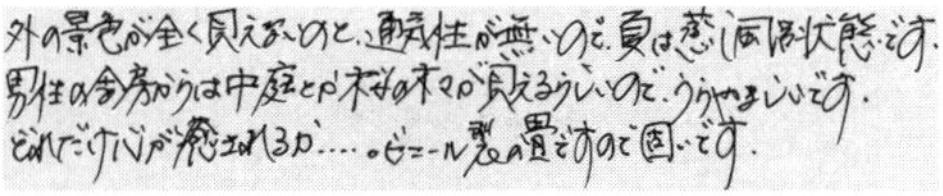
外の景色が全く見えないのと、通気性が無いので夏は蒸し風呂状態です。
男性の舎房からは中庭と木々が見えるらしいので、うらやましいです。
どれだけ心が癒されるか……。ビニール製の畳ですので固いです。

■執行方法の見直しについて

2000年／水戸・宇都宮男女５人殺傷事件など
後藤良次（54）
2007年確定

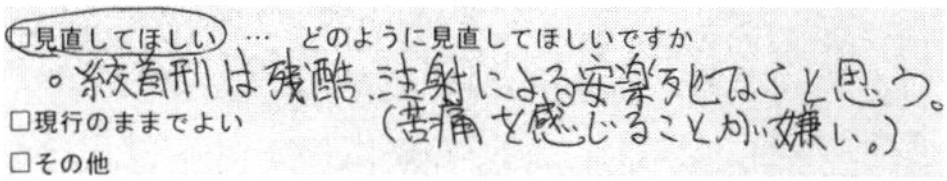
□見直してほしい … どのように見直してほしいですか
。絞首刑は残酷。注射による安楽死になると思う。
（苦痛を感じることが嫌い。）
□現行のままでよい
□その他

1989年／オウム真理教による坂本弁護士一家３人殺害事件など
宮前（旧姓：岡崎）一明（52）　2005年確定

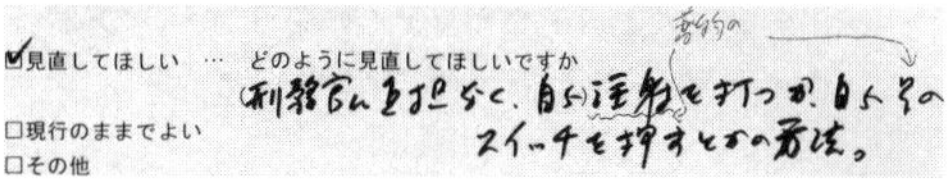
☑見直してほしい … どのように見直してほしいですか
（刑務官に負担なく、自ら注射を打つか、自らそのスイッチを押すとかの方法。
□現行のままでよい
□その他

■日々の生活で感じられる喜びや悩み、関心について

2004年／福岡県大牟田市母子ら４人殺害事件
北村　孝（32）
2011年確定

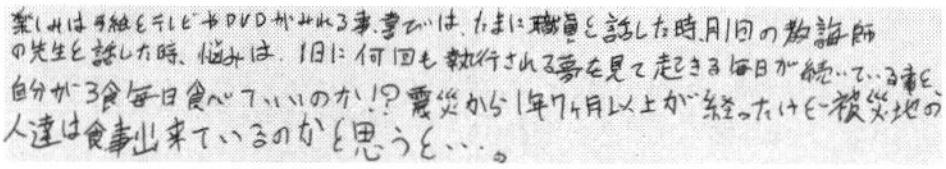
楽しみは手紙もテレビやDVDがみれる事。喜びは、たまに職員と話した時。月1回の教誨師の先生と話した時。悩みは、1日に何回も執行される夢を見て起きる毎日が続いている事と、自分が3食毎日食べていいのか！？震災から1年7ヶ月以上が経ったけど、被災地の人達は食事出来ているのかと思うと…。

2002年／北九州殺人放火・大分保険金替え玉殺人事件
原　正志（55）
2010年確定

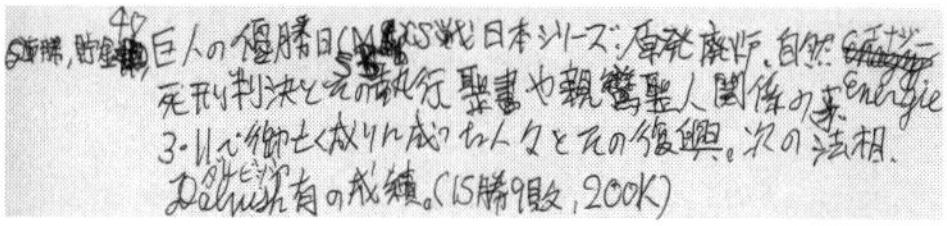
40歳、貯金、巨人の優勝日（CS、日本シリーズ）、原発廃炉、自然エナジー Energie
死刑判決とその執行、聖書や親鸞聖人関係の本
3・11で御亡くなりに成った人々とその復興。次の法相。
Daruish有の成績。（15勝9敗，200K）

■死刑制度の賛否

1971〜75年／三菱重工など連続企業爆破事件
大道寺将司（64）
1987年確定

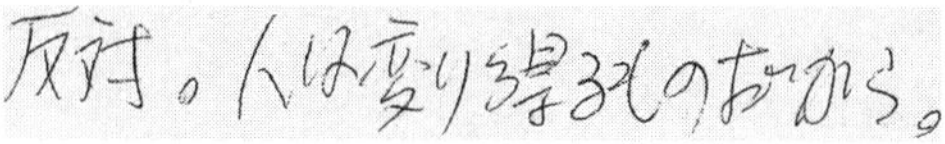
反対。人は変わり得るものだから。

1995年／オウム真理教による地下鉄サリン事件など
男性（匿名希望）
2011年確定

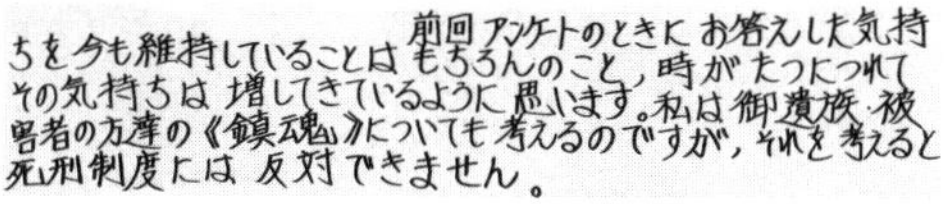
前回アンケートのときにお答えした気持ちを今も維持していることはもちろんのこと，時がたつにつれてその気持ちは増してきているように思います。私は御遺族・被害者の方達の《鎮魂》についても考えるのですが，それを考えると死刑制度には反対できません。

1997年／福岡・長崎元組長ら２人殺害事件
中原澄男（65）
2007年確定

私は死刑判決もろて いますが、死刑制度には賛成です。小さな頃から そう言われて育って来ましたし それだけの悪いことをすれば 責任は取るのが 被害者にしても家族に対しても 本当と思います。私は当所で 事情があって 執行願いを 提出したことありますが、不許可になり 今に至っております。ヤクザしてきて これも私の運命かと考えていますが、家族や 事件を知ってる者が 再審を弁護士に話していますので当所で 13年生活しています。自分のした事については、絶対責任取るべきです。悪いことをすれば。そして、死刑判決もらえば、一部無罪など するべきじゃないと考えます。執行されても被害者は もどって きませんが、一つの区切りとして、終るのじゃないかと私は考えます。事実人を殺していって、それを認めて死刑判決もらい 一部無罪などで再審していますが、私の頭では、ちょっと理解が出来ません。

2004年／奈良小学１年女児誘拐殺人事件
小林　薫（2013年２月に死刑執行、享年44）
2006年確定

現在の執行方法、また、被害者感情や世論感情により大きく指示されている現在の死刑制度には反対です。なぜなら、日本の刑法は ハムラビ法典の刑法「目には目を」の復讐法ではないのですから。そして、裁判官の私的感情による死刑判決が確定している場合も少なくないから。

■執行の事前告知について

1989年／オウム真理教による坂本弁護士一家３人殺害事件など
早川紀代秀（63）
2009年確定

☑その他　（　　　　　　　　　　　　）
難かしい問題です。今のところ、事前に知らされると その間、耐えがたいと思われるので、通知を受けてから、２～３時間、荷物の整理をする時間があればいいです。

1994年／三重男性２人射殺事件
浜川邦彦（52）
2007年確定

□（してほしい）…　その時期はいつですか（1週間前…最低でも身内ら（便りを）へ連絡させてほしい

第 6 章

家族の肖像

加害者と被害者と

事件の渦に巻き込まれ

「加害者の親は市中引き回しのうえ、打ち首にすればいい」。ある少年事件に関連し、そう発言した大臣がいる。前時代的な物言いは批判を招いたが、一部には喝采する空気もあった。

ひとたび事件が起きると、加害者本人だけでなく、その家族も、世間から冷たい視線を浴びせられる。監督責任が問われる未成年の親だけではない。拾ってきた子猫を虐待し、ネット上で公開した20代の男が動物愛護法違反の罪に問われた事件では、男の実家の住所がネット上で公開され、夜中に嫌がらせの電話がかかったり、実家周辺で中傷ビラが貼られたりした。

少年であろうがれっきとした大人であろうが、加害者の家族は事件後、メディアの前で謝罪を求められることが多い。職を失ったり、転居を迫られたりするケースもある。精神的に追い込まれて自ら命を絶つ人もいる。支援なく孤立する加害者家族の現状については、メディアもほとんど取り上げてこなかった。

一方、被害者の家族はやり場のない悲しみと怒りにもだえながら、大切な人を失った現実と向き合う。近年、犯罪被害者支援の施策が少しずつ整えられてきたが、十分とは言えない。

（新聞掲載＝2013年6月4～11日）

犯罪と家族

記者：この最後の章では事件や事故の陰にいる家族について考えてみたい。

ポンきち：殺人事件が起きて、亡くなった子どものことを語る親のニュースを見ると、本当に悲しくなってくる……。犯人は絶対に許せないと思うよね。

記者：確かにそうだね。失ったものへの癒やされることのない悲しみや、加害者に対する耐え難い怒りと憎しみを抱える被害者家族がいる。悩みを誰にも相談できず、精神的なショックから体調を崩す人も多い。経済的な面でも、仕事ができなくなって収入が途絶えたり、医療費や弁護士費用など多額の負担に直面したりする人がいるんだ。

ポンきち：国から支援はないの？

記者：国が被害者支援に取り組み始めたのは１９８１年からで、まだ30年ほどと歴史は浅い。きっかけになったのは、74年に「三菱重工ビル爆破事件」という無差別爆弾テロが起きて多数の死傷者が出たことなんだ。この事件を受けて、被害者や家族に公費で一時金を支払う犯罪被害者等給付金制度ができた。ただその金額だけで被害者家族の出費の全てを賄われるわけではないよ。

ポンきち：何だか理不尽だね。

記者：オウム真理教事件などを契機として90年代後半から、被害者家族たちが刑事手続きに参加する権利を獲得するために本格的に声を上げ始めた。別事件の被害者や家族がつながりを深めてグループも立ち上げていった。

事件の真相を知りたいけれど捜査側からの情報提供が少なかったり、法廷で遺影を持ち込むことを禁じられたり、過熱取材にあったりと、さまざまな悩みを抱えていた。

「被害者や家族が刑事手続きの〝蚊帳の外〟に置かれている」「人権上の問題から法的に守られている被告に対し、被害者への支援は置き去りだ」などと訴えたんだ。

ポンきち：家族の置かれた現状は変わったの？

記者：被害者や家族の活動が注目されて、国によるさまざまな施策が始まったんだ。２００４年には犯罪被害者基本法が成立して公的な支援が拡大された。08年には、被害者参加制度という刑事裁判の仕組みができた。被害者や家族が、法廷で被告に対して質問や求刑をすることが可能になったんだ。10年には殺人など凶悪事件の公訴時効が撤廃された。

でも、被害者や家族への支援はまだまだ十分とは言えない。欧米では事件や事故被害に遭った直後の被害者に対して、買い物の介助などきめ細かな生活支援が行われているよ。

話は一転するけれど、罪を犯した人の家族について考えたことはあるかい。

ポンきち：え？　そういえばないなぁ。

記者：実はこれまで私たち報道する側もあまり取り上げてこなかった。人の更生を考える上で、加害者側の家族の現状について知ることも有益かもしれない。

息子逮捕　壊れた日常――幼い孫　毎夜泣き叫ぶ

「息子さんが事件に絡んでいるようで……」

寒さの残る早春、九州の田舎町にある自宅を新聞記者が訪ねてきた。近くに住む息子の妻からは「夫が昨夜から帰らない」と電話が入った。

何か事件に巻き込まれたのでは――。心配になった村田三郎＝仮名＝は警察署に赴き相談した。受付窓口は「分からない」の一点張り。不安だけが募った。

帰宅して数時間後。詰めかけた報道陣の質問によって、息子が被害者ではなく、加害者であることを知る。

容疑は殺人だった。

パタパタパタ……。翌朝から報道のヘリコプターが自宅上空を舞った。普段は地元の人しか通らない自宅前の一本道にタクシーやテレビの中継車が並んだ。

玄関の呼び鈴が断続的に鳴る。「事件についてどう思いますか」「最近の息子さんの様子は」。三郎は記者やカメラマンに囲まれ、質問を浴びた。警察からは何の説明もない。本当に息子の犯行なのか。「私も何が何だか分からない」。そう答えるしかなかった。

家宅捜索が始まる。息子の妻と保育園に通う孫兄弟が身を寄せてきた。日中でも窓、カーテンは閉め切り、息を潜めた。

「まだ生きとんか」

「あいつも一緒に死ね、死ね」

嫌がらせの電話が相次ぐ。耳元でまくし立てられ、怖くなって受話器を取れなくなった。人に会えば何を言われるか分からない。外出はおろか、ごみ出しも行けない。自宅の敷地から腰をかがめて生け垣越しに外の様子をうかがう。そのしぐさを孫がまねるようになった。

ストーブの灯油、食材といった日用品が底を突く。真夜中に帽子を目深にかぶり、20キロ離れた24時間営業のスーパーへ車で通った。顔見知りを見かければ買い物籠をその場に置き、店を出た。

息子が殺《あや》めたのは1人ではなかった。事件は連日、トップニュースで報じられた。孫に父親逮捕を知られたくない。テレビではアニメのビデオを繰り返し再生した。

蛍光灯の光で1日中過ごすうちに、幼い孫たちに異変が起きた。毎夜、延々と泣き叫ぶようになった。狂ったかのように――。

謝罪できなかった

あれから10年近くがたつ。裁判を経て息子は死刑囚となった。還暦を過ぎた三郎と妻伊代＝いずれも仮名＝は当時と同じ家に住む。2カ月に1度、2人は拘置所に面会に行く。一審の期間中に息子夫婦は離婚し、事件のことを知らない孫たちは家を出て行った。

額縁入りの黄ばんだ賞状が内壁の四方に張られた事務所。三郎の代で始めた商売は、事件を機に客が半減した。

「お宅とはもう付き合えない」。面と向かって言われた。それでも、生きていくために営業先を1軒ずつ訪ねた。インターホンを押せずに軒先を行ったり来たりと3、4往復することもあった。

居留守を使われ、ドアさえ開けてもらえない。「1度断られると、気持ちが折れてその日は動けない」。全ての客を回るのに3年かかった。

新規の客でも突然電話に出なくなることがある。「ああ、息子のことを知ったんだろうな」。深追いはしない。その時点であきらめてきた。

20キロ近く痩せ、髪は真っ白になった。事件直後から腎臓病を患い、入退院を繰り返す。医師からはストレスが原因と指摘された。初めての入院のとき、テレビで息子のニュースが流れた。ベッドで布団をかぶり声を殺して泣いた。

遠方の病院に通っていたが、人工透析が必要になり、この春から地元の病院に1日おきに通う。透析中、離れていった元客と一緒になることもある。痩せこけた上にマスクを着けているためか、今のところ気付かれていないと思う。

「〇〇さーん、どうぞ」。待合室で看護師に名前を呼ばれるたびに背筋が寒くなる。

「いまだに世の中に居場所がないんです」

伊代の朝は読経から始まる。「こういうことで許されるとは思わないけれど……」と口にした後、被害者の名前、生年月日を読み上げ、おわびの言葉をつぶやく。仏壇には被害者の戒名を記したお札を置き、花を添える。「勝手に付けさせてもらった戒名なのですが」

被害者の遺族と面会して謝罪はしていない。できなかった。「どんなおわびの仕方がありますか」。夫婦は口をそろえる。「私らの顔も見たくないはず」。裁判の傍聴も1度も行かなかった。

「決して被害者のことを忘れることはありません。自分たちの体が滅びるまで一生、背中に十字架を背負うて生きていくしかない」。三郎は、あれから何度も自問してきた言葉を漏らした。「息子にはやっちゃ悪いことは悪いと教えて育てたつもりなんだけど……」

気にかかるのは、今どこで暮らしているのかも分からない孫たちのことだ。「私らは村八分でもいい。でも、孫たちだけは……どうか……」

「親失格か」悩む日々

長男のヒロシは今夜も鉄パイプを手に家を出て行った。中学生には見えない金髪、腕には自分で施した入れ墨。以前とは別人のような姿で。

体はヒロシの暴力であざだらけ。部屋に1人、真田瞳（50代）＝仮名＝は、学校や近所の人、身内から何度も投げつけられた言葉を思い返した。

「母親の育て方が悪かったんだ」

子育てに熱心な専業主婦だった。ＰＴＡの役員を務めたこともある。夫と息子2人の家族4人、福岡県内のマンションに居を構えた。家族旅行にもよく出掛けた。ヒロシが中学3年の1学期までは。

何がきっかけだったのだろう。成績はクラスで上位、部活動にも熱心だったヒロシは、日を追うごとに手が付けられなくなった。たばこを吸い、改造バイクを爆音を響かせて仲間と乗り回した。

瞳への風当たりは容赦なかった。受験が近づくと、同級生の保護者や担任教師から「学校に来させないでほしい」と言われた。マンションの住民からも「子どもたちが怖がっている。出て行ってくれ」と怒鳴られた。毎日のように頭を下げて回った。

夫とは言い争いが絶えなくなった。「おまえが厳しくしかり過ぎたからだ」「もっと協力してよ」。ある夜、夫は次男を連れて家を出て行った。

「こんな息子だったら父親やめるのかよ」。ヒロシはますます荒れた。その矛先は瞳だった。外出を止めようとしても投げ飛ばされ、指やあばらの骨を折った。手当たり次第に物を投げ、テレビやパソコンといった電化製品はほとんど壊れた。壁は穴だらけになった。

補導され、引き取りを求める警察からの電話で真夜中に起こされることもしばしばだった。家から出させないで、カウンセリングを受けてみては――。行政の相談窓口に行っても無意味な助言ばかり。「あなた、母乳で育てましたか」と根拠なく問われたこともあった。

「いっそバイク事故で死んでくれたら」。そんな思いもよぎった。一人きりなのが、何よりもつらかった。

未成年ゆえ、余計に問われる「親の責任」。世間の目にさらされ、子どもの非行に悩む親は必要以上に自分たちを責めてしまいがちだ。

福岡県春日市の宮下直哉（61）＝仮名＝も、万引やけんかを繰り返す次女に疲れ果て「おまえが甘やかしすぎたんだ」と妻をなじったという。

宮下が参加する自助グループ「ははこぐさの会」（福岡市）は、毎月の例会に同じような悩みを抱える親たちが集まる。瞳も会の存在を知り、日々の出来事を聞いてもらうことで「戻ってくるまで待っていよう」と思えるようになった。

ヒロシが小遣い稼ぎで働いていた暴力団の関係先から逃げてきたときには、代わりに不義理を謝りに行った。ヤクザのしきたりを調べ、かばんには、小指を詰めろと迫られたときに備えて止血用の輪ゴムを準備した。

「勉強したい」。ヒロシがそう言い始めたのは17歳になったころ。20歳を過ぎた今、学校に通っている。「迷惑を掛けてごめん」と言ってくれるようになった。

取り戻しつつある平穏な日々。それでも、瞳はふと考える。「私の育て方のどこが悪かったんだろう」

夫の出所　信じて待つ

正月が明けたばかりの早朝、インターホンの音で起こされた。

玄関のドアを開けると、赤色灯を回したパトカーが2台いた。「ご主人が女の子にいたずらをした疑いがあります。署に来てください」

事情聴取を求められ、木内由美子（50代）＝仮名＝は歯磨きもせずにパトカーに乗った。警察署に近づくにつれて、心臓が締め付けられるように苦しくなった。「やっぱり帰らせてください」。凍える寒さの中、何十分もかけて家まで歩いた。パジャマのままで。

夫の秀明＝仮名＝は、九州北部の住宅地にある自宅で、少女の体を触ったという疑いで逮捕された。由美子は泣き通しで眠れず、体重が40キロを切るまでにやせた。

「俺は何もしてない」。担当の弁護士から、秀明が容疑を否認していると聞かされた。その説明は、筋が通っているように思えた。由美子は無実を信じた。

子どもたちを抱えて、生活のために働き続けなければならない。休日は疑いを晴らそうと駆け回った。事件を説明するのは苦痛だったが、秀明の知人たちに会い「罪を犯すような人ではない」という署名を集めた。

自宅の居間で現場検証があった。秀明や少女の名札を付けた警官たちが、目の前で〝犯行〟を再現していく。「違います」と抗議しても、容疑者の妻に発言権はない。

秀明は実刑判決を言い渡された。傍聴席で、由美子はしばらく身動きできなかった。

建てたばかりの一軒家。ローンもたくさん残っている。世間の目が気になるけれど、引っ越すわけにはいかない。

秀明の服役中、足りない生活費は親戚や知人から借りた。生命保険を解約し、車を売って何とかやりくりした。「返さなくていいから」と5万円を渡してくれた親友の好意が心に染みた。

「ご主人たいへんみたいね」。事件のことを隠していた職場で、同僚から声を掛けられた。違う、夫はやってないんだ——。でも、法的には有罪が確定している。説明するのは難しい。「一身上の都合」を理由に退職し、ハローワークに通った。

自宅では気丈に振る舞った。事件当時、まだ幼かった次男にだけは知られたくなかったから。

「パパはしばらく仕事で遠くにいるんだよ」


生活が苦しい、近所に知られたらどうするか、再犯しないか——。刑事事件で身柄を拘束された人の家族はさまざまな悩みを抱える。身内にさえ相談できないことも多い。

性犯罪で服役し仮出所した30代男性を担当する九州北部の保護司、原田幸恵（50代）＝仮名＝は、男性の母親とも定期的に会っている。「帰りが遅いと、またやるんじゃないかと心配で」「彼女ができればいいのに」。母親はいつも、せきを切ったように言葉を吐き出す。

「ようやく話せる相手が見つかったんだと思います」と原田。家族の気持ちを開放させてあげることも、出所者の立ち直りにつながると考える。

逮捕から4年、出所した秀明が帰ってきた。話したいことが山ほどあった。無実を信じて走り回ったこと、生活の苦労。しかし秀明は事件の話題を嫌がった。以前の夫婦に戻るのは難しかった。

「誰かに聞いてほしい」。由美子はその思いを抱え続けている。

薬物依存　ともに闘う

ロックバンドをしていたころから伸ばしていた髪をばっさり切った。腕の入れ墨を隠すようにワイシャツを着込み、就職活動を始めた。

息子は立ち直ろうとしている――。園田聡（61）＝仮名＝の目にはそう映った。

航空貨物の会社に採用され、正社員として働き始めた。初任給をもらった翌日の朝のこと。「息子さんいますか」。刑事が訪ねてきた。見せられた逮捕状には「覚せい剤取締法違反」と書かれていた。

長男俊彦＝仮名＝は覚せい剤に手を出しているのではないか――。園田が疑ったのは、部屋で使用済みの注射器を見つけたとき。俊彦は当時20歳。問いただしても答えなかった。

そのうち信販会社から数10万円単位の請求書が舞い込むようになった。居間に置いていたバッグや財布から紙幣が抜かれることもあった。大半がクスリに消えていた。

中学時代から仲間とつるみ、万引や交番への投石などで警察沙汰になった。シンナーに手を出した時期もあったが、覚せい剤に依存し始めた俊彦の生活は、それまでとは違う異常なものだった。

丸2日眠らず、丸2日眠りこける。目覚めると大量に食べる。「電話が盗聴されている」「部屋にあるアンプの真空管を誰かが勝手に取り換えた」と幻覚を訴えた。

初めて逮捕された後も、執行猶予判決を受けて釈放されたその日に手を出した。何度も薬物を断ち切ろうとして失敗した。そのたびに園田は専門治療が受けられる医療機関を探しに走り回った。

薬物犯罪は累犯が多い。覚せい剤に限れば6割が再犯する。依存症と闘う日々は家族にとっても修羅場となる。

30歳を過ぎた今、俊彦は結婚し、ようやく覚せい剤を断った。薬物依存症の人たちの自助グループ「ダルク」のスタッフとして働く。

「今度こそ」。園田は念ずるしかない。


もう、我慢できなかった。武田徹夫＝仮名＝は、長男啓介＝当時(24)、仮名＝に馬乗りになり、全体重をかけて首を絞めた。「お父さん、やめてー」。娘たちが袖を引っ張り、わめく。啓介は気絶した。

啓介は10年来、シンナーを常習していた。「だめ人間め」「そんな生き方が通用するか」。武田は毎日のように説教した。そのうち反抗され、手に負えなくなった。妻も暴力を受けた。

「人を刺してくる」。そう脅されては金を無心される。専門の治療があることを知らない武田は「息子を隔離さえできれば安心した」。1年のうち10カ月は精神科に入院させた。

あるとき、武田は依存症患者の家族でつくる自助グループを知り、妻と参加した。薬物依存は病気だと知る。「厳しく説教するだけでなく、もっと早く、本人の苦しみをまっすぐに受け入れてやればよかった」

30歳を過ぎ、啓介は少しずつシンナーから遠ざかり始めた。15年ぶりに親子の会話が戻った。冗談も言い合った。

だが、手遅れだった。ある朝、啓介は突然失明した。薬物の後遺症で脳が萎縮し、視神経が侵されていると医師に告げられた。

武田夫妻が、居間でうつぶせに倒れている啓介を見つけたのはその2年後。享年34。後遺症による脳出血だった。

帰る場所があるなら

静まりかえった病院の一室。永田セツ（80代）＝仮名＝は車椅子に小さく身を沈めていた。弁護士の平本大地（31）＝仮名＝は、か細い声に耳を傾けた。

セツの長男、滋（40代）＝仮名＝は殺人罪に問われていた。「私が面倒を見ていれば、こんなことにならなかった」。セツは平本に繰り返した。いっそ死んでしまいたい、と。

関西地方の閑静な住宅地。滋は民家に侵入し、女性にわいせつな行為をした上、殺害した。

セツは、定職に就かない滋と30年以上同居し、毎日のように殴られた。いつか立ち直ってくれると信じていた。10年ほど前に夫を亡くし2人きりになると、暴力はさらにひどくなった。耐えきれずに逃げ出した直後、事件は起きた。

ニュースで卑劣な内容を知った。拘置所の滋と手紙のやりとりをしていると、娘は「あんな弟をまだ甘やかしているの」となじり、見舞いに来なくなった。

入院先で滋のことを知っているのは看護師2人だけ。「あの子は元気にしているだろうか」と案じる半面、「母親だと知られるのが怖い」。平本と会うときも周囲の目を気にした。

セツは独りぼっちだった。

滋の一審での振る舞いは目に余るものだった。法廷で検察官を挑発し、何の落ち度もない被害者の悪口を言った。遺族は強く死刑を求めた。

控訴審を担当した平本も、粗暴な滋にうんざりした。接見の際、差し入れが遅れると「なんで約束を守らないのか」と怒鳴った。刑の減軽を求める控訴趣意書に書く言葉が見つからなかった。

滋が初めて人間らしい一面を見せたのは、セツの近況を伝えたとき。「かわいがってもらったのに」と目を潤ませた。

長期の刑は免れない。せめて、自らの行為を悔いて服役してほしい――。控訴審の法廷で、平本はセツの孤独な近況や、わが子を思いやる気持ちを文章にして朗読した。滋は証言台で泣きじゃくった。

滋は刑務所に収監された。母子が生きて会う機会は二度とないかもしれない。平本は「母への思いを通じ、被害者遺族の感情を少しでも理解してくれれば」と願う。


罪を犯した人の立ち直りを考えるとき、家族の存在は大きい。関わりを絶つ家族もいれば、必死に支える家族もいる。

田中定信(42)=仮名=はアルコール依存症だった。1日1升は飲む。福岡県内の組事務所に出入りし、定職に就いても長く続かない。連日スナックを飲み歩き、午前2時ごろ「金を持ってこい」と自宅の電話を鳴らした。帰宅後も「貴様ら殺すぞ」と暴れ、父の貞吉(72)=仮名=を蹴り、兄や母を殴った。ある日、やむなく母が110番し、駆けつけた警察官に逮捕された。

田中は両親や兄への傷害罪で服役した。それなのに貞吉は毎月面会に来た。バスと電車を乗り継ぎ、片道5時間かけて。面会はわずか10分。大雪の日も8時間かけて顔を見せた。「自分には帰る場所がある」と、田中は気づいた。

出所した田中は、アルコール依存症の人たちが集う自助グループに通い始めた。仲間には「自分があるのは家族のおかげです」と話した。兄の紹介で仕事にも就いた。

この3年、田中は酒を口にしていない。

被害者は置き去りか

「奥さんが刺された」との知らせに急いで自宅に戻ると、妻の広子＝当時（49）＝が血だらけで横たわっていた。二宮通（61）は叫んだ。「救急車を呼んでくれ」。医師が死亡を確認しましたと警察官に告げられた。

葬儀が終わり、ひつぎが閉じられた。「お母さーん」。事件後、何も話さなくなっていた小学生の次男が大声で泣いた。二宮は頭をなで、抱きしめて一緒に泣いた。

鹿児島県日置市に、妻と子ども3人で暮らしていた。事件は2001年12月に起きた。容疑者は妻の弟だった。精神障害者施設を抜け出して鹿児島空港でガラスを割る騒ぎを起こし、警察から引き取りを求められた。「家族だから」という理由で。30年も交流がない、他人のような存在なのに。

自宅に引き取った翌日、二宮の出勤後に妻は殺害された。何10カ所も切り傷があった。

鹿児島地裁の法廷に現れた男は気の抜けたような表情をしていた。弁護側は心神喪失状態だったと無罪を主張し、刑事責任能力の有無が争点になった。犯行の動機さえ分からない。二宮の目には医学論争としか映らなかった。

空港で暴れるような危険な状態の男を引き取らせた警察、その経緯を裁判で説明しない検察にも不信が募った。

被害者として意見陳述をさせてほしいと求めたが、検察官は「やっても何にもなりませんよ」。孤立感が増すばかりだった。

裁判中のこと。外出先に長女から電話がかかってきた。「犯人から手紙がきてる」。絶叫するような声。自宅に戻ると、げた箱の上に封筒から取り出された紙切れがあった。《たらいな（多大な）くつうとかなしみをあたえたことにもしわけ（申し訳）ありません》。本文、わずか5行。

二宮は絶句した。「遺族の気持ちも考えず、刑を軽くするためだけに独善的に送りつけてきたとしか思えない」

地裁は男が反省していると認め、懲役7年の求刑に対して懲役6年の判決を言い渡した。

判決の翌04年、被害者の権利を明記した犯罪被害者基本法がようやく成立、05年に施行された。遺族が刑事裁判に加わって求刑意見などを述べられる被害者参加制度もできた。

ただ、被害者や遺族の苦悩は深い。仕事を続けられなくなったり、子どもが不登校になったり、体調を壊す人もいる。

悩みを語り合い、解決策を考えよう――。二宮はそう呼び掛け、11年に「九州沖縄犯罪被害者連

絡会　みどりの風」が発足した。会では少年院を訪ね、少年たちに自らの体験を語り、罪を繰り返さないよう訴える活動もしている。

二宮も12年、少年院を訪れた。加害者に更生してもらうには被害者の声をぶつけるしかない。そう考える半面、更生よりも刑罰を与えてほしい、と思う葛藤もある。

政府は今、少年院や刑務所を出た人の社会復帰支援に力を入れている。二宮には、被害者が置き去りにされているように映る。「加害者側より先に、被害者やその遺族が心の傷を癒やしながら前を向いて生きていけるような制度を充実させてほしい」

妻を殺害した男は6年前、出所した。今どこにいるのか。二宮は知らない。

受け入れることから

男は花束を抱え、がちがちに緊張していた。長野県松本市の住宅地。「訪ねてくることができる立場ではありませんが……」。おわびの言葉を絞り出した。

河野義行（63）は声を掛けた。「そんなに硬くならなくていいよ」

初めて会った清水真一＝仮名＝はオウム真理教の元信者。多数の死傷者を出した松本サリン事件でサリン噴霧車の製造に関わった。殺人ほう助の罪で10年服役し、3カ月前に出所した。事件から12年たっていた。

1994年6月27日夜。河野宅前の駐車場付近でサリンはまかれた。オウム真理教の幹部たちによる犯行だった。

数年たつと、事件に関与していないオウムの元信者たちが、寝たきりになった河野の妻澄子のお見舞いに来るようになった。「断る理由はないですから」と河野。清水の来訪も受け入れた。

服役中、植木の剪定《せんてい》技術を身につけたという。河野家の庭も手入れしてもらったら——。その場にいた友人のひと言に、清水は「僕がやっていいいんですか」と驚いた。「庭師代は出せないよ」と河野は笑った。

贖罪《しょくざい》の気持ちだったのか。清水は県外にある自宅から、毎月のように訪ねてきて庭を手入れするようになった。河野は不在時のために鍵の場所を教えた。「泊まるなら2階の部屋を使って。冷蔵庫にビールはあるし、ご飯も炊いていいよ」

食卓を囲み、一緒に釣りにも行った。清水は事件当時の心境などを語るようになった。

事件は河野の人生を一変させた。妻は重体となり、第一通報者である自身は警察やマスコミに一時犯人扱いされた。二重の苦しみを味わい、犯人が許せなかった。

その気持ちは次第に変わっていった。

髪をなで、手足をマッサージし、家族旅行の話を耳元でするると、意識がない妻の頬に涙がつたった。「妻の回復、介護が最優先。憎むことにエネルギーを使いたくない」

世間から排除される怖さも知った。事件後、3人の子どもと暮らす河野の自宅には1日何10件も嫌がらせ電話があった。友人も「河野の友だちなら町から出て行け」と言われた。親戚には離婚を迫られた女性もいた。

犯罪被害者は長い間放置され「犯人を憎むしか心のバランスをとれなかった」。今でも支援は十分ではない。でも加害者の家族も気になる。「どうして加害者の家族や周囲までが制裁を受けたり、差別を受けたりしなきゃいけないんでしょう」

関西で講演した際、オウム真理教の幹部だった死刑囚の両親に会った。「息子が本当にご迷惑をかけて……」と頭を下げる2人に、河野は「おつらいですね」と励ました。

2008年8月、妻が亡くなった。河野は鹿児島市に移り住んだ。清水は今も訪ねてくる。「刑期を終えたら、社会的には償いをしたということ」。被害者であり、遺族の立場ながら、加害者と似た境遇も味わった河野はそう考える。いやなやつなら付き合わなければいい。償いに対する考え方はさまざまだが、ただ排除していては更生につながらない——。

「河野さん、家を買いました」。昨秋、清水から打ち明けられた。「銀行からローンを認めてもらったってことは、あんたの今の生き方が評価されたってことだね」。河野は「大切な友人」を祝福した。

（敬称略）

インタビュー

いばらの道でも償いを

神戸連続児童殺傷事件で長女を亡くした　山下京子さん

16年前に「酒鬼薔薇聖斗《さかきばらせいと》」と名乗った男性からの手紙は、この春で9通になった。1997年2〜5月、神戸市須磨区で小学生5人が相次いで襲われ、2人が亡くなった連続児童殺傷事件。14歳の中学3年生だった少年の凶行によって、長女彩花《あやか》ちゃん＝当時(10)＝を失った。

少年は31歳になった。医療少年院などでの7年間の矯正教育を経て2005年に社会復帰した。手紙は年に1度、彩花ちゃんの命日を前に元少年の父親から手渡される。

「読むと毎回不思議な涙が出ます。最初から最後までずっと……。犯行に手を染める前に周りが気が付いていたらという複雑な思いも出てきます」

「最初はあいさつ文のような、書かされた感じの強い文面でした。それが去年から割と思いを素直に書いたと思える箇所が出てきた。便箋2、3枚に手書き。具体的な話はないんですけどね。行間から周囲への感謝を感じ取れるんです。人との関わりがきちんとでき始めたのかもしれない。出会いや人の支えの中で、罪と向き合おうとしてもがきながら生きていることが伝わってきました」

事件の年の暮れ、彩花ちゃんとの思い出をつづった手記を出版した。少年に対しては「もし、私があなたの母であるなら……、真っ先に、思い切り抱きしめて、共に泣きたい」と書いた。

「事件当時は違いました。絶望しかなかった。白と黒の世界。さかのぼって、私が生まれてきたことすら否定してしまう。犯人に彩花と同じことをしてやる、そして死のう。それが親として子にしてあげられる最大のことだと思って――。あの頃は憎しみに支えられて生きていました」

「ある夜、月を見ていた時に『お母さん、私は大丈夫。だから、人は憎まないでいいよ』と彩花の声が心に響いてきた。はっとして。薄紙を剥ぐように、彼のことも考えられるようになっていきました」

「彼への憎しみはゼロではないです。けれど、何とかまっとうな人間として生かしてあげないとあかん。万が一、彼が再犯したり、自殺したりしたら、淳君（事件のもう1人の犠牲者）にしても、彩花にしても、命が無駄になってしまう」


人が更生するとは――。

「彼はあの時、悪魔だったかもしれない。いま人間になろうと努力しているのであれば、苦しいはず。犯行によって、絶望的な人生を強いられた人がいると気付くことが原点やと思います」

「罪の償い方は自分で探すもの。苦しみが伴わないと本当の贖罪《しょくざい》の心は生まれてこない。自覚すればするほど、いばらの道です。でも、彼には逃げないで挑んでほしい」

少年法の下、男性の更生状況など具体的な情報は開示されない。

「彼に届けと思って言うんですけど……。私たちと彼は年に1度の手紙という細い糸でつながっている。やりとりは彼からだけ。もっと頻繁に日常生活で思ったことを教えてほしい。殴り書きしたものでいい。面倒なら、帳面に書きためたものを送ってくれるだけでいい。いま何を考え、どう生きているのか。亡くなった子たちにも聞かせてほしいんです」

やました・きょうこ　1955年生まれ。事件から1週間後の97年3月23日、集中治療室（ＩＣＵ）で彩花ちゃんをみとった。同12月に手記『彩花へ――「生きる力」をありがとう』、98年12月に『彩花へ、ふたたび――あなたがいてくれるから』、2003年11月には『彩花がおしえてくれた幸福』を出版。福岡県北九州市出身の夫と兵庫県神戸市在住。

（2013年9月26日掲載）

インタビュー

孤独を和らげるために

加害者の家族を支援するワールドオープンハート代表　阿部恭子さん

国内で唯一、罪を犯した人の家族を支援するNPO法人。電話相談を受け、体験を語り合う家族会を開いている。裁判所への付き添いのために、拠点の仙台市から全国各地へ赴く。2008年の発足以来、相談を受けた家族は2000を超す。

「自宅への落書きや無言電話、インターネットでの中傷、子どもへのいじめ……。犯罪加害者の家族が置かれた状況は厳しい。殺人など大きく報道された事件は特に」

「身内の逮捕から裁判への過程で、家族は精神的に追い込まれます。警察や検察からは事件を立証する『証拠』として調べられ、裁判では証人になる。弁護人も、主に相手をするのは罪に問われた本人。家族は〝添え物〟になってしまい、周囲の目に傷つき、自責の念が深まる。命を絶つ人もいます。誰も守ってくれませんから」

東北大学の大学院時代に設立したワールドオープンハートのメンバーは、弁護士、臨床心理士、大学教授、不動産会社の経営者など10人。運営には企業から助成金を受けている。

「初めは性的少数者や犯罪被害者の自殺防止が目的でした。あるときゼミナールで加害者家族のことを知った。弁護士や行政機関に聞き回ったけれど、支援する団体や窓口はどこにもなかった。事件は毎日起きているのに……。じゃあやってみようと、活動の主体を加害者家族にしました」

少人数で語り合う家族会は2カ月に1度のペースで仙台、東京、大阪で開く。体験や心情を吐露し、共有することで、孤独を和らげてもらう。

「初めての家族会に、夫が殺人罪で服役した女性と、その小学生の息子が参加しました。離婚して生活は困窮。事件のことを知られまいと転居を繰り返し、びくびくして暮らしていました」

「子どもは学校から転校を求められ、クラスメートに『さよなら』を言う機会も拒まれた。少年犯罪などでは、家族に一定の責任があることもある。でもこの子には何の責任もない。殺人犯の息子として生きる運命に心が痛みました」

殺人事件の4割は家族間で起きている。

「そういう場合、家族は加害者の家族でもあり被害者の家族でもある。誰かに相談したくても、被害者の自助グループにも入れない。支援制度は十分ではありません」

「実は私自身、強制わいせつの被害に遭ったことがある……。傷は消えません。活動のなかでも、被害者側への無神経な言葉が聞こえると敏感になります」

更生には、家族など周囲の支えが必要。

「本人は服役し、償ったとして社会に帰ってくるけれど、家族に節目はない。ぼろぼろになり、罪を犯した本人を受け入れる余裕がなくなる。憎しみを募らせることもあります。それでも『被害者を思うと、つらいとは言えません』と口にする。早い段階でのサポートによって罪を犯した本人と向き合える環境をつくり、更生の一翼を担えるようにしたい」

あべ・きょうこ　1977年生まれ。筑波大学第一学群を卒業し、東北大学大学院法学研究科で修士の学位を取得。中学校3年間の夏休みと冬休みに、学校に通えない同年代の在日外国人に日本語を教えるボランティアを続け、マイノリティ（社会的少数者）支援を志す。電話相談の受け付けはほぼ1人で担い、刑務所や少年院で講演もしている。宮城県仙台市在住。

（2013年9月27日掲載）

インタビュー

応報の思想を脱して

龍谷大学教授　浜井浩一さん

法務官僚として1996年から4年間、犯罪白書の執筆に携わった。オウム真理教（当時）の地下鉄サリン事件など、相次いだ凶悪事件の衝撃と世紀末の不安が世の中を覆っていた。統計では暴力犯罪が急増。治安が悪化して犯罪が増え、刑務所は過剰収容になっている——。そんな分かりやすい学者の解説に、強い違和感を抱いていた。

翌2000年、横浜刑務所に異動。受刑者の作業内容などを決める分類首席という仕事を3年間務めた。

「高齢者や知的障害者、外国人、精神障害を疑われる人が日々送り込まれてきた。面接中に失禁したり、名前は言えても生年月日を言えなかったり……。刑務所にいることを理解していない人もいた。無銭飲食や万引を繰り返し、被害弁償ができずに引受人もいないから実刑になる。まともに刑務作業ができる人の確保に頭を悩ませるほど。裁きがあって『一件落着』とはいかない現実がありました」

刑務所の過剰収容の原因は治安悪化ではなく、厳罰化にある。あらためて、こう確信した。

イタリアの憲法27条。

「感動するのは、刑罰の目的は更生にあると明記していること。刑罰とは応報や犯罪抑止のためではなく、罪を犯した人が再び社会の一員として復帰できるようにするためだと規定している。日本の憲法9条と同じく、全ての裁判官や検察官が同意しているわけではないけれど、大きな上位規範として存在している」

「イタリアでは判決言い渡し後に、裁判官や臨床心理士などで構成する別の裁判所が刑罰の形態を決めます。懲役刑を宣告された被告の年齢や障害などによって、自宅や福祉施設で刑に服することがある。ある裁判所長は、70歳以上には基本的に刑務所以外で更生を促すと話していました」

財政赤字や少子高齢化など似た問題を抱える日本とイタリアだが、刑務所服役囚の60歳以上の構成比（2009年）は、イタリアの約4％に対し日本は約16％と格段に多い。

龍谷大学のキャンパスの一角には、実物を模した法廷や接見室、取調室がある。

「学生には最初の講義で、更生保護を漢字で書かせます。『更正』ではない。罪を犯した人が、再犯しないように過ごす生き方を探す指導をするのが更生保護。『更生』を横にすると『甦《よみがえ》（る）』になります」

法務省も小、中、高校生の法教育に力を入れるという。

「裁判のあり方を教えるのは意味がありますが、模擬裁判で判決を出して終わりではいけない。判決で一件落着にはならないということを考えることが法教育だと思う」
「犯罪者は異質な存在であり専門機関にお任せする、という姿勢を改めたい。原子力だって、専門家と称する特定の人に任せて失敗した。犯罪者という悪い人間が別世界からやってくるのではなく、私たちの中から生まれるのですから」

はまい・こういち　1960年生まれ、鳥取県出身。早稲田大学教育学部卒の元法務官僚。少年院や刑務所、保護観察所など罪を犯した人の処遇現場に勤務し、犯罪白書の執筆や在イタリア国連犯罪司法研究所の研究員を歴任。2003年に龍谷大学教授に転身、専門は犯罪学。『刑務所の風景』、『実証的刑事政策論』など著書多数。犯罪社会学会常任理事。大阪府堺市在住。

（2013年9月30日掲載）

関連記事

「被害者を胸に」少年院で訴え／下関駅無差別殺傷／妻失った松尾さん

14年前のJR下関駅無差別殺傷事件で妻を亡くした北九州市八幡西区の松尾明久さん（72）が2013年11月5日、熊本県錦町の中等少年院「人吉農芸学院」で入所中の少年79人を前に講演した。どんな事件にも被害者がいることを忘れず、二度と過ちを繰り返さないよう訴えた。

「きょうと同じように天気の良い日でした」。松尾さんはゆっくりと、険しい表情で語り始めた。青色のシャツとズボンを着た少年たちが姿勢を正した。

出勤する松尾さんを笑顔で見送ったのが、妻瑞代さん＝当時（58）＝の最後の姿になった。警察の連絡で駆け付けると、瑞代さんは全身を白い布で包まれていた。駅構内で男が猛スピードで走らせる車にはねられ、全身を強打したという。

男は裁判で奇妙な言動を繰り返し、ほとんど謝罪もしない。男を憎むうち、松尾さんは虚無感にとらわれるようになった。「生きていてもしょうがない、とすら思った」

松尾さんが少年院で講演するのは初めて。迷ったが、「被害者に向き合わない更生などあり得ない」との思いから引き受けた。

「真摯《しんし》な反省と謝罪がなければ、被害者はさらに傷つく。皆さんは被害者のことを心にとどめ続けて」と訴えた松尾さん。最後に少し表情を和らげて言った。「君たちには未来がある。世間の厳しい視線にくじけず、頑張ってください」

傷害事件を起こして入所している少年(19)は、講演を聴き終えて言った。「被害者が警察に訴えたことに腹を立て、少年院を出たら仕返ししようと思ったこともあった。きょう自分の甘さが分かった。あらためて自分の事件と向き合い、ここを出てからもずっと被害者のことを考えていきたい」

※下関駅無差別殺傷事件　1999年9月29日夕、山口県下関市のJR下関駅で、運送業上部康明元死刑囚=当時(35)=がレンタカーで通行人をはねながら駅構内に突入。さらに包丁で乗降客を次々と切りつけ5人を殺害、10人に重軽傷を負わせた。上部元死刑囚は殺人などの罪に問われ2008年に死刑が確定、12年3月に刑が執行された。

(2013年11月6日付朝刊より)

おわりに

西日本新聞は、福岡を拠点に九州7県を発行エリアとするブロック紙である。本書の基となったキャンペーン「罪と更生」は、長崎総局と佐世保支局、諫早支局の記者が、認知症を患うお年寄りや知的障害のある人たちが多く収監されている長崎刑務所と佐世保刑務所の特別な「工場」を取材したことがきっかけだった。単純作業を繰り返し、出所してもパン1個を盗んで刑務所に戻る。自分が罪を犯したこと、刑罰を受けて罪を償っているということさえどこまで理解しているかおぼつかない軽微な事件の累犯者を、刑罰ではなく就労や生活支援、医療や介護のサポートによって立ち直りを促す司法と福祉の連携も芽生えつつあった。社会部を中心に組織した取材班は、2011年秋から2年にわたり、司法、福祉、矯正・教育施設、更生保護と「罪と更生」の現場を訪ね歩いた。

究極の刑罰である死刑を含めて市民が判断する裁判員裁判の時代になり、取り調べの可視化を柱とした検察改革も途上ではあるが進んでいる。手探りで始めた取材は、刑事司法のダイナミックな変化のなかで全国に及んだ。連載記事の内容は、関心を寄せていただいた皆さんによってインターネットのフェイスブックやツイッターなどを通しても発信され、本紙の発行エリアを超えて広がった。京都にある法律文化社編集部の掛川直之さんの目に留まったのも、そんな経緯からだった。

掛川さんからは「刑事司法の理念を解説する論文はたくさんあるが、現場の視点で貫かれたルポはない」と望外の評価をいただき、熱心に出版を勧めてくださった。1冊に編むにあたっては、的確な助言によって大幅に加筆・修正することができた。この場を借りてお礼を申し上げたい。

連載中は、読者の皆さんからさまざまな感想が寄せられた。「悪いことをした人間をかばうのか。被害者の気持ちを考えているのか」という声もあった。一方で、本紙の人権報道のあり方を論議する第三者機関「人権と報道・西日本委員会」の委員からは「犯罪被害者には社会の関心が集まるが、加害者には厳しい視点が向く。加害者や刑罰・矯正施設に収容されている人の実体に目を向けた画期的な企画だ。刑務所に行くのは悪くて恐ろしい人というイメージがあるが、成育歴をみると虐待経験があるなど社会的には被害者だった人も目立つ。社会の誤解が改まるきっかけとなったのではないか」との講評もいただいた。

西日本新聞社会部は、1992年に「容疑者の言い分」、1998年には「犯罪被害者の人権」というキャンペーンを展開した。容疑者と被害者の二つの人権を犯罪報道の「車の両輪」ととらえ、犯罪報道を変えていく試みだった。ただ、注目された事件でも、判決が確定するまでは取材しても「その後」に目を向けることはほとんどなかった。刑務所でどんな償いをしたのか、出所後に更生したのかまではフォローしてこなかった。

「罪と更生」は、そうした反省、もどかしさも背景にある。容疑者、被害者だけでなく、服役者や出所者の人権にも視点を置く犯罪報道改革と位置づけた。記者たちは、スーパーやコンビニでの軽微な万引きや常習性が疑われる性犯罪などを取材するとき、容疑者の背景に知的障害や認知症、特異な成育歴が潜んでいないか注意を払うようになった。事件発生から逮捕、裁判までの取材で終わらせず、受刑者の日常や出所後の身の振り方について、本人と面談している地域生活定着支援センターの相談支援員に継続して話を聞く記者も出てきた。限られた時間と紙面のなかで、日常の報道も変化してきている。

「あなたたちの中で罪を犯したことのない者が、まず、この女に石を投げなさい」。新約聖書にあるよく知られた言葉だ。姦通の現場で捕まった女性が神殿の境内に連れてこられた。当時のユダヤの律法では、姦通を犯せば男女ともに死刑と定められていた。あなたはどう考えるか、としつこく問われたイエスがこう返したというのだが、続く記述が振るっている。「これを聞いた者は、年長者から始まって、一人また一人と、立ち去ってしま」ったというのだ。

年を重ねるほど、心に秘めた罪は積もる。法に触れる犯罪には手を染めなくても、罪を生み出す社会のひずみに自分は無関係だと言い切れる人はいないだろう。1世紀後半（日本では弥生時代！）に記された伝承は古びていない。

司法の裁きを受け、罪を償った人は、いずれ地域に戻ってくる。石を持って打つのではなく、立ち直りを見守ることができればと思う。東日本大震災を機に人と人との絆がスローガンになる一方で、勝ち組負け組の格差は広がり、原発や憲法をめぐる意見の対立は歩み寄ることなく、ヘイトスピーチによって異質なものを排除する風潮も蔓延している。こうしたなかで地道に取り組んだ「罪と更生」は、刑事司法の現状と課題を追うことで、司法、福祉、そして地域に暮らす私たちが、生きづらい社会を少しでも生きやすくするために助け合っていこうという呼び掛けでもあった。

キャンペーンは柴田建哉報道センター（社会部）部長時代にスタートし、長谷川彰社会部長が引き継いだ。取材班は、相本康一をキャップに、久保田かおり、一瀬圭司、宮崎拓朗を中心に、デスクは田川大介が務めた。鶴加寿子、中原興平、四宮淳平、久知邦、山口新太郎など社会部、長崎総局管内の記者たち、写真部の岩崎拓郎、岡部拓也、デザイン部の大串誠寿、茅島陽子なども携わった。

出版に至ったのは、何よりも、私たちの狙いに共感し、あるいは、つらく悲しいなかで胸襟を開いてくださった多くの取材協力者と、手紙やメールで励ましてくださった読者の皆さんのおかげです。心から感謝しています。

２０１４年６月

西日本新聞「罪と更生」取材班デスク

田川　大介

■著者紹介（西日本新聞社会部担当記者）

田川　大介（たがわ・だいすけ）

1965年生。福岡県福岡市出身。西南学院大学文学部卒。1989年入社。社会部、長崎総局、東京支社報道部、専任職編集委員（医療担当）などを経て報道センター次長。編著に『医療崩壊を超えて——地域の挑戦を追う』（ミネルヴァ書房）。

相本　康一（あいもと・こういち）

1970年生。山口県下関市出身。立命館大学法学部卒。1993年入社。長崎総局、社会部、東京支社報道部、社会部次長を経て国際部次長。事件事故・司法、首相官邸、原発問題などを取材。2014年夏から中国総局長（北京）。

久保田かおり（くぼた・かおり）

1978年生。大阪府堺市出身。神戸大学大学院国際協力研究科修了。2003年入社。熊本総局、社会部などを経て東京支社報道部記者。事件事故・司法取材が長く、現在は原子力規制委員会を担当。

一瀬　圭司（いちのせ・けいじ）

1978年生。福岡県広川町出身。立教大学大学院21世紀社会デザイン研究科修了。2004年入社。筑豊総局、大分・宇佐支局長などを経て社会部記者。現在は司法・事件事故を担当。

宮崎　拓朗（みやざき・たくろう）

1980年生。福岡県福岡市出身。京都大学総合人間学部卒。2005年入社。長崎総局を経て社会部記者。事件事故・司法、医療問題などを取材。14年夏から東京支社報道部記者。

Horitsu Bunka Sha

ルポ・罪と更生

2014年8月31日　初版第1刷発行

著　者　西日本新聞社会部

発行者　田　靡　純　子

発行所　株式会社 法律文化社

〒603-8053
京都市北区上賀茂岩ヶ垣内町71
電話 075(791)7131　FAX 075(721)8400
http://www.hou-bun.com/

＊乱丁など不良本がありましたら、ご連絡ください。
お取り替えいたします。

印刷：中村印刷㈱／製本：㈱吉田三誠堂製本所
装幀：坂井えみり

ISBN978-4-589-03615-5